십자가 마음으로 읽는

새 언약의 성경

십자가 마음으로 읽는 새 언약의 성경

초판 1쇄 발행 2025년 1월 15일

지은이 새언약학회
펴낸이 장길수
펴낸곳 지식과감성#
출판등록 제2012-000081호

교정 한장희
디자인 오정은
편집 오정은
검수 이주연, 이현
마케팅 김윤길, 정은혜

주소 서울시 금천구 벚꽃로298 대륭포스트타워6차 1212호
전화 070-4651-3730~4
팩스 070-4325-7006
이메일 ksbookup@naver.com
홈페이지 www.knsbookup.com

ISBN 979-11-392-2359-0(03230)
값 15,000원

일러두기
본문에 인용한 성경은 대한성서공회의 '개역한글판'과 『그림이 그려지는 복된 말씀(구어체성경)』
(최창섭, 바른말, www.drawbible.com)을 사용했음을 알려 드립니다.

지식과감성#
홈페이지 바로가기

새 언약은 하나님의 십자가 입니다
성경 이해의 필독서

십자가 마음으로 읽는

새 언약의 성경

새언약학회
The New Covenant Society

인사말

새언약학회가 출범하며 기독교 신앙의 진리를 위한 발걸음을 떼게 된 것을 역사적 소명으로 바라보며 무거운 마음으로 내딛게 된 것을 고백합니다.

새언약학회가 『십자가 마음으로 읽는 새 언약의 성경』을 발간하여 새 언약의 신학을 심층 있게 연구하고 하나님이 이루어 가시는 경륜 안에서 교회가 변화되는 길을 찾도록 인도하시는 하나님께 찬양과 감사와 영광을 올립니다.

우리의 신학은 구약의 율법을 기초로 되어 있습니다. 구약은 이스라엘의 역사를 토대로 하나님이 사람은 율법으로 거듭나지 않는다는 것을 보여 주기 위하여 쓰신 기록입니다.

성경을 바로 보기 위해서는 아담의 일탈로부터 시작되어 여자의 후손으로 심판하시겠다고 말씀하신 새 언약의 하나님 십자가 마음을 읽어야 합니다.

이러한 새 언약으로 말씀하시는 십자가의 마음을 모르고 십자가의 대속과 구원과 은혜와 사랑만을 강조하여 사람의 죄성을 돌아보고 회개할 기회가 없는 신앙과 신학으로 가고 있습니다.

교회가 건실한 신앙을 갖지 못하고 쇠약해지는 이유를 갖고 있는 것입니다.

십자가의 무조건 은혜, 무조건 사랑으로는 사람의 자기중심적인 본성으로 신앙하는 종교인만 나올 뿐입니다.

우리가 교회를 나가며 신앙의 길을 가도 변화되지 않는 이유는 새 언약을 계획하신 하나님의 마음을 모르기 때문입니다.

하나님의 새 언약으로 성부와 성자와 성령의 일하심을 보며 세상을 주관하고 역사하시는 하나님을 만나야 합니다.

예수 그리스도께서 십자가로 오시기 전의 하나님 아버지의 십자가 마음을 알아야 우리가 하나님 앞에서 경건해지고 회개하며 기도의 사람이 될 수 있습니다.

새 언약은 하나님이 살아 계심과 세상을 다스리시는 경륜으로 고스란히 성경을 통하여 말씀하고 기록하신 언약입니다.

새 언약은 십자가를 지시는 마음을 성부께서 계획하시고 성자께서 십자가를 지시며 그 살과 피로 우리의 마음에 하나님의 마음을 두고자 하는 것입니다.

성령께서는 우리에게 성령의 열매를 맺으며 경건의 훈련으로 새 언약의 일꾼이 되기를 바라며 쉬지 말고 기도하는 이들에게 내주하시어 하나님의 나라를 이루어 가시는 것입니다. 이러한 변화된 삶이 기독교인의 삶이 되는 신앙을 하나님이 바라시는 것입니다.

새언약학회는 우리의 죄를 대속하시기 위해 십자가를 계획하시고 이루시고 적용하시는 하나님의 다스림 안에서 마귀를 이기고 새 언약의 신앙을 이루어 내고 열매를 맺는 신앙인으로 성장시켜야 한다는 목표를 갖고 있습니다.

이러한 새 언약의 신학이 정립되지 못하고 알지 못한 상태로 신앙생활을 한다면 성령의 열매를 맺는 이들은 지극히 적을 것입니다. 기독교를 믿는 이들은 많으나 그리스도의 향기를 내는 자녀는 드물 것입니다.

새언약학회의 창립 이유입니다.

현재의 교회가 십자가 앞에서 변화되는 것은 새 언약을 바르게 아는 정통 신학의 정립만이 가능하다고 보고 있습니다.

교회가 새 언약의 말씀 앞에서 변화되기를 바라는 이들의 적극적인 참여를 기도합니다.

학회장 신영광 목사

새언약학회
The New Covenant Society

하나님이 계획하신

새 언약의 중보자

그리스도의 할례로

마음에 할례를 받아

너의 십자가를 지고

새 언약의 일꾼이 되라

목차

Ⅱ. 새 언약의 성경 말씀

Ⅲ. 7단계의 구원 계획

시작하며

성경을 하나님의 십자가 마음인 새 언약으로 통찰해야 하는 이유

하나님의 영을 우리 마음에 두는 새 언약은 하나님의 십자가입니다. 십자가의 마음이 새 언약입니다.

하나님이 십자가를 지시겠다는 성부 하나님의 마음의 계획과 성자 하나님의 십자가 성취와 성령 하나님의 십자가 적용이 새 언약입니다.

성경을 하나님이 십자가를 지는 마음으로 읽어야 하는 것이 성경의 핵심입니다.

사람의 일탈된 본성은 마음을 찢어 내는 은혜로만 다시 하나님께 돌아오게 할 수 있기에 십자가 계획을 세우신 것입니다.

성경은 사람의 죄를 말하고 있으며 그 죄를 부추기는 사탄과 그 죄를 이기는 예수 그리스도의 이름과 보혈로 성령의 동행으로 거룩함을 따르는 삶을 말하고 있는 기록입니다.

하나님의 십자가 마음인 새 언약을 통하여 중보자로 오신 주 예수로 인하여 우리 모두는 죄인임이 드러났습니다. 그러나 많은 사람들이 자신의 본능의 죄와 사탄이 주는 미혹의 죄를 모르고 있습니다.

자신의 죄를 모르면 하나님의 십자가 마음을 모릅니다. 주 예수 그리스도께서 대속해 준 자기의 죄를 모르면 예수 그리스도의 대속의 의미도, 대속의 은혜도, 대속의 사랑도 모르고 교회에 복만을 바라고 오는 종교인이 되어 버리는 것입니다. 그들에게 하나님의 십자가와 죄와 싸우라는 거룩함으로 이루는 기도의 삶은 아무런 의미가 없는 신앙일 뿐입니다.

자기의 죄를 모르면 기독교 신앙은 아무것도 아닌 것이 됩니다.

내가 거룩하니 너희도 거룩하라 하시는 하나님 아버지의 자녀가 될 수 없습니다. 그리스도의 할례로 마음의 할례를 받으라는 주 예수님의 제자가 될 수 없습니다. 주 예수님의 이름으로 보내 주시는 성령이 임재하는 자가 될 수 없습니다.

사람은 육신이 있으므로 불완전한 존재입니다.

믿음의 주요, 또 온전케 하시는 이인 예수를 바라볼 때 예수를 따라가고자 하는 마음으로 기도하는 사람이 되는 것입니다.

기도는 이 세상의 소유와 성취를 위한 것이 아닙니다. 세상 앞에서 나약한 자가 주 예수님의 십자가와 부활과 영생의 소망으로 자기를 부인하고 자기 십자가를 질 것을 다짐하는 것이 기도입니다.

내 힘만으로는 죄를 이길 수 없기에 예수 그리스도의 이름으로, 보혈로 성령께 의지하는 것입니다.

십자가의 대속은 진정으로 우리가 십자가의 마음인 새 언약으로 죄가 드러날 때에 진정한 회개를 하나님이 받아 주시어 그동안의 죄를 안 보시고 죄를 간과하시겠다는 의미이고 언약입니다.

우리 인간은 십자가의 대속 후에도 죄의 본능과 육신의 정욕과 안목의 정욕, 이생의 자랑으로 유혹하는 사탄의 미혹으로 죄를 벗어날 수 없음을 알고 쉬지 않고 하나님을 부르며 주 예수의 보혈로 죄와 싸워 이기는 자가 되어야 하는 것입니다.

오늘 나의 삶 속에서 드러난 죄를 보혈에 의지하는 그날의 회개와 기도로 다시 죄 씻음의 대속으로 들어가야 하는 것입니다.

지금의 기독교 신앙은 이렇게 쉬지 말고 하나님을 사랑하고 매일 예수의 피와 살을 먹어야 한다는 생명의 말씀이 사람의 마음만을 기쁘게 하는 신학으로 변질되고 말았습니다.

하나님의 십자가의 마음은 죄성의 본능으로부터 변하지 않는 우리들이 예수 그리스도의 십자가를 보고 마음의 할례로 애통함을 가지라는 것입니다.

천지를 창조하신 하나님의 성육신은 십자가 고난으로부터 깊은 마음의 찢어짐으로써 회개를 더하며 기도하라고 지신 십자가인 것입니다.

십자가의 대속으로 죄로부터 자유롭다고 해석하여 교회에 죄가 만연하고 죄 속에서 성도들이 구원을 이루어 가기 어려운 문제를 아무런 문제로 보지 않고 죄 속에 방치된 기독 신앙을 만들어 내었습니다.

기존 신학이 성경을 사람이 하나님을 바라보는 해석이었다면 『새 언약의 성경』은 하나님이 하나님의 마음으로 인류를 바라보는 방향의 해석입니다.

새 언약으로 보는 성경의 방향으로 성경을 보면 볼수록 하나님의 사람에 대한 사랑은 지금 신학에서 사람들이 피부로 느끼지 못하는 "하나님은 사랑이시다"를 증명하는 신학입니다.

하나님의 십자가 마음이 온전하게 인류에게, 우리에게, 나에게 그 사랑이 들어오게 되는 것입니다.

새 언약에서 구약의 신학적인 해석을, 이스라엘 역사나 사람의 희로애락, 애타는 하나님에 대한 갈망, 왕조의 흥망성쇠를 담은 기록으로 바라보지 않고 인류가 죄에 계속 빠져서 살아가는 안타까움으로 하나님이 구원을 시작할 수밖에 없었던 하나님의 마음을 담은 역사의 기록으로 구약을 해석해야 합니다.

사람의 마음으로 보는 하나님과 하나님의 마음으로 바라보는 하나님의 시선에서는 전혀 다른 신앙관이 나오게 됩니다. 사람의 마음에서 하나님을 바라보게 되는 것은 신이 전지전능하신 것을 알기에 나의 소원의 기도밖에 나올 게 없습니다.

나의 삶의 기도가 가장 중요합니다. 자신의 문제와 자녀와 가정사를 적은 기도 제목으로 기도하게 되는 것입니다. 문제를 해결해 달라고 하는 중보기도만이 있게 되는 것입니다.

하나님의 십자가의 마음을 알고 하나님을 바라보면 하나님의 무한한 사랑을 볼 수 있습니다. 하나님이 사람의 죄로 시작한 인류의 삶을 위해 어떻게 하나님이 자신을 십자가에 보내야 했는지를 묵상하고 기도할수록 하나님은 오직 사람을 위해 모든 사랑을 쏟으신 것을 보시게 될 것입니다.

새 언약으로 성경을 통찰하고 나의 죄성과 하나님의 사랑을 깨닫고 알게 된다면 하나님이 주시는 복의 길은 내가 사탄이 주는 미혹의 죄를 이기고 하나님이 원하시는 삶을 살아가야 하겠다는 결단이 될 것입니다.

나를 나보다 더 사랑하는 이는 하나님뿐임을 알게 될 것입니다.

하나님이 결심하시는 새 언약의 십자가 마음이 들어와 진리의 성령과 동행하는 기도의 신앙으로 변화될 것입니다. 그렇게 될 때 하나님이 나의 삶의 모든 문제를 다 가져가시고 평강을 아낌없이 주시는 것을 발견하고 자기를 부인하고 자기 십자가를 지기 위한 신앙으로 변화될 것입니다.

경건의 훈련과 성령의 열매를 맺는 삶은 자기의 평생에 쉬지 않는 기도를 통해 이루어 가야 하는 것에 순종하고 충성할 것입니다.

우리는 우리의 마음과 생각에 하나님의 법을 기록하시겠다는 새 언약의 십자가의 마음을 갖고 하나님께 감사와 사랑과 회개로, 기도하는 삶으로 이기는 자가 되어야 할 것입니다.

사람의 본질을 아시는 하나님이시여!

세상 영광에 무릎 꿇고 비는 나약한 사람의 본능을 아시는 하나님이시여!

십자가의 마음을 새 언약으로 선포하신 하나님이시여!

죄를 이기라고 예수 그리스도를 새 언약의 중보자로 보내신 하나님이시여!

간교한 사탄의 미혹에 넘어간 사람들은 죄와 싸우는 죄의 돌아섬 없이 보혈의 피로 본성의 죄를 이기는 기도의 강력함 없이 그리스도의 대속만을 취했습니다. 대속만을 선언하고 가르치고 배움으로 죄를 잃어버렸습니다.

죄의식을 잃어버린 사람들은 다시 아담의 죄로 들어가 버렸습니다. 이는 죄로 얼룩진 인류의 죄를 위해 그 마음에 자신의 죄성과 하나님의 은혜와 사랑과 십자가의 피를 보고 마음을 찢는 할례를 받으라는 새 언약의 말씀을 알지 못하기 때문입니다.

이제 새롭게 새 언약을 정의하고 성령께서 죄와 싸워 이기는 우리 신앙인의 기도를 받으시고 이 땅에 하나님의 거룩함과 정의가 선포되게 하옵소서.

- 히브리서 8장

7 만일 사람들이 첫 번째 언약을 흠 없이 이행했다면, 또 다른 언약은 필요하지 않았을 겁니다.

8 그러나 하나님께서 그들을 나무라시며 이렇게 말씀하셨습니다. "보아라, 내가 이스라엘과 유다 백성을 상대로, **새 언약**을 맺을 날이 올 것이다.

9 이 **새 언약**은, 내가 그들 조상의 손을 잡고 이집트 땅에서 인도해 낼 때 맺었던 그런 언약이 아니다. 그때는 그들이 내 언약을 지키지 않아, 나도 그들을 돌보지 않았다.

10 그러나, 그 후에 내가 이스라엘과 맺을 **새 언약**은 (첫 언약처럼 돌판에 새겨주는 게 아니라) 그들의 생각에 넣어주고 그들의 마음에 새겨 줄 것이다. 그래서 내가 그들의 하나님이 되고, 그들은 내 백성이 될 것이다.

11 그리고 그때에는, 천한 사람이나 존귀한 사람이나 모든 사람이 내가 누구인지 알 것이기에, 아무도 자기 이웃이나 형제에게 주님을 알라고 가르쳐 주지 않아도 된다.

12 이런 때가 오게 되면, 내가 그들의 불의를 용서하고 더는 그들의 죄를 기억하지 않겠다.

13 하나님께서 **새 언약**이라고 말씀하셨으니, 첫 번째 언약은 옛 언약이 되었습니다. 낡고 오래된 언약은 사라지기 마련입니다.

새 언약의 시작 기도

하나님!

우리 주 예수 그리스도를 생각합니다.

십자가!

누가 고난을 자처할 수 있습니까?

그것도 처참한 죽음 앞에서 순종할 수 있습니까?

그것이 나를 위한 죽음입니다.

나의 죄를 씻어 주기 위한 하나님의 고난입니다.

우리 마음에 두는 하나님의 영은

새 언약이라고 정하신 성부 하나님의 '십자가 마음'입니다.

성자 예수께서 지시며 피 흘림으로 성취하는 '십자가'입니다.

아들을 십자가에 보내는 하나님 아버지의 마음이며

십자가에 달리시는 예수 그리스도의 피와 살입니다.

우리는 마음을 찢어 내는 마음의 할례로

우리 죄의 본성과 마주해야 합니다.

그래서 하나님은 너희가 순종하라고 말씀합니다.

하나님은 "나만을 사랑하라"라고 말씀하실 수 있습니다.

하나님 앞에서 기도는 "오직 하나님만을 사랑하겠습니다"라는 고백이어야 합니다.

그렇게 결단해야 합니다.

예수 그리스도의 마음으로 내 마음을 변화시켜 주십시오.

그런 응답을 원하는 기도를 해야 합니다.

그러한 기도를 하는 이에게 성령은 새 언약을 우리의 마음과 생각에 적용하여 주실 것입니다. 분명 성령 하나님의 응답이 올 것입니다.
천국은 새 언약의 십자가 마음과 예수 그리스도의 십자가의 고난에서 마음에 할례를 받고 예수 피를 마음에 가지고 거듭나 쉬지 않고 기도하며 성령에 의지하여 죄를 이기는 신앙의 삶을 살아가는 사람들의 잔치입니다.
태초부터 영원까지 함께하시는 하나님께 영광과 감사를 올립니다.

I.
새 언약
(New Covenant)

새 언약은 하나님의 "십자가"입니다.
하나님의 "십자가 마음"이 새 언약입니다.

사람들의 일탈된 본성을 하나님의 은혜와 사랑을 알고 마음을 찢는 할례로
하나님만을 섬기게 하기 위한 하나님의 고통과 고난의 결정입니다.

성부 하나님은 새 언약의 십자가를 계획하시고
(여호와가 말하노라, 내가, 새 언약을 세우리라. 렘31:31)

성자 하나님은 새 언약의 십자가를 성취하시고
(새 언약의 중보이신 예수. 히12:24, 히9:15)

성령 하나님은 새 언약의 십자가를 적용하십니다
(보혜사 곧 아버지께로서 나오시는 진리의 성령. 요15:26)

1. 하나님의 마음을 우리 마음에 두는 새 언약의 성경

새 언약의 정의

하나님이 말씀하시는 "새 언약"을 한마디로 정의하면 하나님의 "십자가"입니다. 하나님이 십자가를 계획하시는 "십자가 마음"이 새 언약입니다.

그 십자가를 우리의 속에 두고 마음에 기록하여 나는 그들의 하나님이 되고 그들은 내 백성이 될 것이라고 언약하신 것입니다.

그것은 우리의 죄를 대속하기 위한 언약을 실행하시기 위해 성부 하나님이 성자 하나님을 십자가에 보내야 하는 고통의 마음입니다. 십자가를 지시는 성자 하나님의 고난의 은혜와 사랑의 마음이 실행되는 것입니다.

사람의 마음으로는 대속의 성취이지만, 하나님의 마음에서는 어버이의 마음으로 영생의 생명을 주기 위한 고통과 고난의 결정입니다.

십자가에서 흘리는 보혈의 피가 "그리스도의 할례"로 그 피에 의해서 우리가 마음을 찢는 "마음의 할례"를 받아 우리의 심령이 변화되고 죄와 싸우며 하나님의 거룩함을 따라가는 "그리스도의 법"을 완성하는 것입니다.

새 언약은 하나님 아버지와 성자 하나님의 애절한 사랑을 우리 마음을 칼로 찢고 베는 애통함으로써 그리스도의 십자가 피 흘림인 그리스도의 할례가 우리 마음에 할례가 되어 이 세상과 사탄이 주는 죄와 나의 본성과 싸우고 이기는 자가 되어야 하는 것입니다.

예수 그리스도의 보혈이 생명이 되고 그리스도를 대신하여 그 피를 나누는 것이 진정한 사랑의 실천이고 율법이 완성되는 것입니다. 그것은 예수 그리스도의 살과 피를 내 마음에 새기는 전심의 기도로 진리의 성령이 내게 오실 때에 가능하게 되는 것입니다.

다시 새 언약을 정리하면 하나님께서 하나님의 영을 우리 마음에 두는 언약은 성부 하나님이 십자가를 지시기를 계획하시는 "십자가의 마음"과 성자 하나님이 이루시는 "십자가"입니다.

그리고 새 언약을 성취하신 예수 그리스도는 십자가에서 우리 마음을 새롭게 하는 마음의 할례를 주셨습니다. 이는 죄와 싸우며 거듭남을 이루는 자가 되는 것입니다.

이러한 하나님의 은혜와 사랑을 깨닫고 기도하는 신앙인에게 성령이 내주하시며 새 언약의 일꾼으로 인도해 가는 것입니다.

하나님이 나의 하나님이심을 알고 예수의 보혈로 사탄의 미혹을 이기고 예수님을 가장 사랑한다고 고백하며 매일 경건한 훈련을 통해 그리스도의 일꾼이 되어야 구원에 이를 수 있습니다.

- 알기 쉬운 표현으로 정리

십자가를 생각하니깐,

내 마음이 너무 아파

예수님은 얼마나 고통스러우셨을까?
이 보잘것없는 나 때문에
마음이 무너져 내려
이렇게 마음이 아프고 그래서 감사하고 무한한 하나님의 사랑이 들어와 예수 피로 살아 내야겠다.
세상을 그리스도가 이기신 것처럼 나도 세상을 이겨야겠다.
이런 마음이 내게 있어야 성령이 들어오신 것입니다.
성령의 사람이 되어 가는 것입니다.

다시 세상을 살다 보니 이 아픔과 승리가 희미해져
그래서 매일같이 그리스도의 피로 승리하리라 전심으로 기도해야 하는 것입니다.
이것이 하나님이 우리 마음에 두시겠다는 새 언약입니다.

교회에서,
성령님이 여러분 마음속에 다 계시죠.
성령 계신 것 모르는 분 있어요?
모두 다 구원받으신 거예요.
하나님 믿으면 구원받는다고 전도 열심히 해 놓고는 천국 가는 길을 어렵게 만드는 것입니다.
성경을 바로 보고 바로 알고 바른 기도의 신앙인은 십자가에서 자기를 부인하고 그리스도의 율법으로 살아가고자 매일 그리스도의 피로 살아 내기를 간구하는 기도자입니다.
예수 그리스도의 피로 살아 내는 일!

그것이 새 언약의 신앙입니다.

성경을 하나님의 입장에서 말하게 된다면,
하나님의 고통과
하나님의 고뇌와
하나님의 슬픔과
하나님의 고난을 적은 책입니다.

하나님은 홀로 그 책임을 스스로 십자가에서 지시고 부활 승천하면서 하나님이 원하시는 거룩한 삶을 살아가기를 부탁하시고 우리의 삶의 영역에서 남은 사역으로 남겨 놓으셨습니다.

전도는 예수 그리스도를 믿으면서 거룩한 성령의 열매를 맺어내는 자들이 되도록 당부하시면서 성령의 힘으로 하나님을 증거하라고 하신 것입니다.

우리들 각자 본인은 영성이 얼마나 있다고 생각합니까?
그 영성의 측정은 무엇으로 합니까?

하나님의 측량은 마음속에 나의 가슴을 찢은 마음의 할례의 피로 그 무게를 다실 것입니다. 그것을 마음의 중심으로 보실 것입니다. 그것은 내가 하나님의 사랑을 알고 하나님을 사랑하게 되는 저울추입니다.

하나님은 사람들에게 하나님의 전지전능하심으로써 강력한 환상과 꿈으로 나타나셔서 영광과 준엄함을 왜 나타내지 않았을까요?
그렇게 하셨으면 우리는 하나님의 거룩함으로 변해 있을까요?
아마 두려움으로 복종은 하고 있지만, 죄성은 깨닫지 못할 것입니다.

죄성은 사탄의 영역이라서 알기도 깨닫기도 어렵습니다.

성경을 통해서 자기 본성의 죄를 깨닫고 자기를 부인하고 자기 십자가를 지는 기도의 사람이 되어야 합니다.

성경의 해석을 신학이라고 합니다.

사람의 입장에서 보는 신학은, 예수님 구속의 피로 무조건적인 사랑과 은혜로 견인하거나 예정되어 구원받는다는 것입니다. 나의 죄로 인하여 십자가를 지시는 예수의 피와 살에서 마음이 찢어지는 애통함이 없이 하나님의 은혜와 사랑을 아는 것의 문제는 자신의 죄와 본성의 죄에서 나와야 하는 회개를 잘 모른다는 것입니다.

하나님이 정하시는 죄의 일탈을 모르기에 교회에 나와서 오랜 시간이 지나도 성도나 목사가 변화되지 않는다는 문제가 여기에 있습니다.

마태복음 22장 혼인 잔치의 비유에서 "임금의 명령으로 종들이 길에 나가 악한 자나 선한 자나 만나는 대로 모두 데려와서 혼인잔치에 자리가 가득 찼지만 임금이 예복을 입지 않은 자는 결박하여 바깥 어두움에 내어 던지라고 말합니다. 청함을 받은 자는 많되 택함을 입은 자는 적다"라고 말씀합니다.

교회에 나와 새 언약의 십자가에서 하나님의 십자가 마음을 알고 십자가에서 마음의 할례를 받은 자가 성령의 열매를 맺을 수 있습니다. 하나님의 혼인 잔치에 택함 받은 신부의 자격이 될 수 있습니다.

성경을 하나님의 마음에서 보고 그 마음에서 해석해야 합니다. 이것이 새 언약으로 보는 신학의 입장입니다.

하나님은 사람에게 신성을 제외한 모든 것을 생기로 부어 주셨기에 자신을 최고로 여기는 죄 된 본성이 숨어 있습니다.

인류 본성의 변하지 않는 자기 우선은 하나님을 가장 사랑하지 않는 일탈이 되고 죄가 세상을 덮어 사탄이 왕이 되었습니다. 하나님의 십자가 마음을 죄의 부패함에 노출되어 있는 우리 마음에 두고 생각에 기록하시어 선한 양심을 깨우고 하나님의 은혜 안에서 하나님을 가장 사랑하라는 언약을 세우시는데 이것이 새 언약인 것입니다.

하나님의 십자가의 계획과 그 십자가의 피는 오로지 나의 죄성에서 돌아서라는 하나님의 거룩하시고 애통하시는 마음임을 깨닫는 것입니다. 그러한 마음은 하나님께 대한 회개와 죄와 싸우는 기도의 사람으로 변화되는 것입니다.

하나님은 성경을 통하여 십자가에서 마음의 할례를 받고 죄에서 돌아서라고 말씀하시는 것입니다.

이렇듯이 사람의 입장에서 성경 해석은 하나님의 십자가는 무조건적인 견인과 예정으로 인한 대속의 구원이라면, 하나님의 마음에서 성경 해석은 십자가의 피에서 할례를 받고 애통하는 마음으로 회개하고 죄에서 돌아서는 자가 성령의 열매를 맺으며 택함 받은 자이고 구원받을 자라는 것입니다.

기독교의 변화는 이제 사람의 입장에서 하나님의 마음인 십자가를 마음에 할례로 받아야 변화가 시작될 수 있습니다.

그렇지 않다면 자기 본성은 그대로 다 놔두고 하나님의 사랑만 강조하는 회개 없는 신앙이 지속될 것입니다. 십자가의 피에서 마음의 할례가 없이는 하나님을 부르고 찾는 회개가 나올 수 없습니다. 회개 없는 성령의 열매와 거듭남도 없습니다. 쉬지 말고 기도하는 신앙인으로 거듭나기 어렵습니다.

한국 교회와 성도가 하나님의 새 언약인 십자가의 마음을 마음에 담아내지 못하면 구원을 이루어 낼 수 없습니다.

우리 모두가 하나님이 원하는 구원을 이루어 내기 위해 성경에서 하나님이 말씀하는 새 언약의 줄기를 통찰하고 새 언약의 일꾼이 되는 기도를 쉬지 말아야 할 것입니다.

할례(割禮)와 회개(悔改)의 뜻

할례와 회개에 대해서 뜻을 알아보고 새 언약을 이어 가야 하겠습니다.

할례는 살을 베는 의식을 말하는 것입니다. 한문에서 할례(割禮)는 割(벨 할), 禮(예도 례)를 사용합니다.

할례는 창세기 17장 10절에 하나님이 아브라함에게 너희는 다 할례를 받으라고 명하심으로써 남자는 난 지 여드레 만에 생식기 끝의 살가죽을 조금 끊어 내는 의식을 치르게 되었고, 하나님은 이 할례를 언약의 표징이라고 말씀하셨습니다. 하나님이 이스라엘 민족에게 행하신 할례는 하나님의 율법을 지킨다는 약속의 징표입니다.

그러나 하나님은 새 언약을 계획하시면서 그리스도의 할례로 마음의 할례를 받으라고 명하셨습니다.

그리스도의 할례(割禮)는 예수께서 십자가에서 피의 제사로 우리의 죄를 사해 주는, 예수의 육체의 살과 피가 뜯기는 고난을 말씀하고 계시는 것입니다. 그러한 그리스도의 피를 보고 우리의 죄를 아는 마음의 할례를 받으라는 것이 새 언약의 명령이고 율례이고 규례입니다.

이것은 율법에서 오는 것이 아니라 하나님의 영을 우리 마음에 둘 때 오는, 우리의 마음을 칼로 베어 내는 마음의 할례가 되어야 하는 것입니다.

하나님이 원하시는 마음의 할례(割禮)는 그리스도의 할례(割禮)인 예수의 피와 살이 베어진 십자가를 보고 마음을 칼로 베는 아픔을 갖게 되어 성도가 죄와 싸우고 기도로 죄를 이겨 거듭남에 이르기를 바라는 성부의 마음인 것입니다.

그런데 교회는 은혜의 대속, 믿음으로 구원, 주일성수, 교회봉사, 십일조 헌금만을 강조하면서 자기 본성의 죄를 아는 교회가 사라지고 있는 것이 현실입니다.

회개(悔改)는 하나님이 우리 마음에 두는, 하나님의 언약인 새 언약으로 인하여 그리스도가 우리를 대속하여 육체의 할례를 행하세 되고 우리가 마음의 할례로 우리의 죄를 보았을 때 회개의 마음으로 내가 죄와 싸우는 자가 되는 것입니다.

회개(悔改)는 한문으로 悔(뉘우칠 회), 改(고칠 개)를 사용합니다. 자기 죄의 잘못을 뉘우치고 죄와 싸우고 고치는 자가 되는 것입니다. 죄에 대한 자각과 하나님께 죄를 지었다는 깨달음을 가져야 되는 것입니다.

그리고 죄인을 구속하시는 하나님의 은혜로 자신의 죄성을 깊이 깨닫고 죄를 부추기는 마귀의 미혹과 자기 본성의 죄로부터 돌아서는 신앙인이 행해야 하는 필수적인 행위가 회개인 것입니다.

즉, 회개는 죄를 포기하고 하나님이 원하시는 거룩한 삶을 살아가겠다고 하는 기도인 것입니다. 따라서 아담의 죄로부터 시작되어 하나님이 인류를 구원하기 위해 계획하고 실행된 새 언약의 하나님의 마음에서 회개는 시작되어야 하는 것입니다. 구약의 이스라엘 역사와 같은 나의 죄 된 삶을 되돌아보고 하나님이 흘리시는 피를 보고 마음의 할례로 회개하며 죄를 미워하는 마음의 변화와 죄에서 떠나는 신앙생활의 변화가 있어야 하는 것입니다.

욥 42:6 그래서 이제 제가 제 주장을 거두어들이고 티끌 위에 앉아 재를 뒤집어 쓰고 회개합니다.

고후 7:9 왜냐하면, 여러분이 그 아픔으로 인해 회개하게 되었기 때문입니다.

히 6:1 그러므로 우리는 그리스도교의 초보적인 교리를 넘어 성숙한 경지로 나아가야 합니다.

사람의 죄성을 인지하는 본질

성경의 "새 언약"을 하나님의 "십자가 마음"으로 봐야 성경의 전체 맥락을 이해하게 됩니다.

하나님은 예레미야 31장 31절에서 말씀하시기를 "여호와의 말씀이니라 보라 날이 이르리니 내가 이스라엘 집과 유다 집에 새 언약을 맺으리라"라고 말씀하셨습니다. 그리고 33절에 하나님의 법을 우리의 생각에 두고 마음에 기록하겠다고 하였습니다. "그러나 그 날 후에 내가 이스라엘 집과 맺을 언약은 이러하니 곧 내가 나의 법을 그들의 속에 두며 그들의 마음에 기록하여 나는 그들의 하나님이 되고 그들은 내 백성이 될 것이라 여호와의 말씀이니라"(렘 31:33)

하나님은 성자 하나님을 십자가에 보내실 것을 계획하고 말씀하시면서 우리의 죄로 인해 하나님이 직접 육신이 되어 십자가에서 그리스도가 피와 살이 찢기는 고난을 받게 되는 그리스도의 할례로 대속의 제사를 지내게 됩니다. 사람들의 마음에 자기의 죄가 조명되어 자기를 부인하고 자기 십자가를 지는 마음이 찢어지는 애통함으로써 죄를 대적하여 하나님의 거룩함과 사랑과 은혜에 감사함을 느끼며 기도와 경건의 훈련으로 사탄이 넣어 주는 죄를 대적하며 하나님의 백성으로 살아가게 될 것이라고 말씀하신 것입니다.

그러나 지금까지 새 언약을 대속의 은혜로만 해석하고 있는 신학적인 문제는 신앙에 있는 사람들이 자기 본성의 죄성과 세상을 유혹하는 사탄의 미혹을 잘 인지하지 못하고 신앙이 자신의 소망을 하나님이 채워주는 것으로 인식함으로써 하나님의 거룩함을 따라가려는 생각과 마음이 기도와 경건의 훈련으로 채워지지 못하고 있다는 사실입니다.

하나님이 아담 범죄 이후 "새 언약"을 "십자가 마음"에 두신 것은 사람의 죄성의 본질을 알고 하나님의 은혜와 사랑 안에서 죄를 넣어 주는 마귀와 싸워 이기는 자가 되라는 것입니다.

하나님은 아담이 범죄한 이후에 사탄(뱀)에게 말씀하시기를, "내가 너로 여자와 원수가 되게 하고 네 후손도 여자의 후손과 원수가 되게 하리니 여자의 후손은 네 머리를 상하게 할 것이요 너는 그의 발꿈치를 상하게 할 것이니라 하시고"(창 3:15). 여자의 후손으로 성자 하나님을 보내시어 사탄의 권세를 멸하기로 계획을 하시게 되면서 성경의 대장정이 시작되는 것입니다.

새 언약을 하나님의 마음에서 보게 된다면 하나님의 사랑은 이미 각 사람에게 임하고 있다는 놀라운 사랑과 은혜를 보게 됩니다.

그리고 그러한 하나님의 사랑은 자신의 변화를 위한 노력으로 성경의 말씀을 보게 되고, 그러한 이들의 기도는 하나님의 뜻에 합당한 기도가 됨으로써 하나님이 아브라함에게 약속한 복이 자연스러운 삶의 과정에서 이루어지게 될 것입니다.

하나님의 고뇌가 된 인류

단순히 십자가를 알고, 교회의 목사가 되어 성령의 권능을 행하며 치유와 예언의 사역을 한다고 해서 또는 장로와 권사가 되어 교회에 지성으로 나가 예배를 드린다고 해서 하나님의 사람이 될 수는 없습니다. 죄의 본질을 모른다면 참된 하나님의 사람이 될 수 없기 때문입니다.

하나님께서 스스로 지셔야만 했던 십자가는 바로 나의 죄 때문입니다. 그 원인은 나에게 있는 것입니다.

사람의 죄란 하나님으로부터 일탈하고자 하는 마음입니다.

하나님의 십자가를 지는 마음은, 일탈한 사람의 본성을 하나님의 은혜와 사랑을 깨닫고, 마음을 찢는 할례를 통해 오직 하나님만을 섬기게 하기 위한 고통과 고난의 결정입니다.

하나님께서는 흙으로 사람을 빚으시고 생기를 불어넣으실 때, 하나님의 신성을 제외한 모든 지혜와 지식을 아담에게 주셨습니다. 사람은 자신의 자유 의지로 선과 악을 구분하며 하나님의 계명을 준수해야 할 높은 지식을 부여받은 피조물로 창조되었습니다. 그러나, 그렇게 모든 것을 받아 창조된 사람 안에는 스스로 하나님의 간섭에서 벗어나려는 일탈의 마음이 있었습니다. 이것이 바로 하나님께서 말씀하시는 죄성입니다.

하나님은 이러한 자유 의지 속에서도 사람에게 하나님의 사랑을 보여주시고, 그 마음이 하나님을 향하게 하시려 했습니다. 우리를 사랑하셔서 십자가를 지셔야만 했던 하나님의 아픈 마음이 우리의 마음에 새겨질 때, 비로소 죄와 싸우는 사람이 될 수 있기 때문입니다.

이것이 새 언약을 선포하신 이유입니다.

또한, 성자 하나님이 십자가를 지게 하시기 위해 보내실 수밖에 없었던 하나님 아버지의 고뇌와 아픈 마음이 이 새 언약에 담겨 있습니다.

그래서 우리는 대속의 기쁨 이전에, 죄로 인해 고뇌하신 하나님의 깊은 마음을 창세기와 구약 성경에서 읽어 내야 합니다. 신약에서는 그리스도로 오신 예수를 단순히 기쁨으로 맞이하는 것이 아니라, 나의 죄 때문에 오신 것임을 깨달아 마음을 찢는 아픔을 느끼고, 마귀와 싸워 이기는 결단의 기도를 통해 그리스도의 일꾼으로 성장해 가는 신앙인이 되어야 합니다.

그러므로 하나님의 아픈 마음이 담긴 새 언약을 알지 못한 채, 육신의 소망을 간구하고 자신의 소원을 들어주시기를 바라며 육체의 간절한 기도를 드린다 해도, 수억을 헌금하고 수백 명을 전도한다 해도, 죄성과 자신의 죄의 본질을 알지 못하면 결국 자기의 의에 불과하게 될 것입니다.

죄의 조명은 성령으로부터 나와야 합니다.

그래야만 나의 죄성의 본질을 자복하는 회개로부터 나의 죄를 대속하신 주 예수의 사랑이 내가 이 삶을 이겨 내야 하는 원동력이 되는 것입니다.

이 세상 누구도 나의 죄를 대신 질 수 없다는 자각이 내 마음에서 나와야 합니다. 그래야 하나님의 십자가에 대해 애통한 마음이 나오게 되는 것입니다.

우리가 마음과 생각에 가져야 하는, 십자가에서 마음이 찢어지는 애통함은 죄의 대속을 알기 위한 기도와 묵상으로 하나님의 마음이 임해야 합니다.

이미 마음의 할례로 나의 죄와 하나님의 마음을 새 언약으로 받으셨으면 매일 세상의 욕망으로부터 나의 죄와 싸우는 거룩함으로 예수 그리스도의 피와 살이 내게 생명이 되게 하는 기도의 생활을 해야 합니다.

나의 본능의 죄와 세상을 살아가는 미혹을 모르시면 알게 해 달라고 기도하셔야 합니다.

예전의 기억 속에서 회개가 있었다 해도 날마다 그날 바로 회개하여 늘 성령께서 임재해 달라고 기도하여야 합니다.

나의 죄성을 보게 하시고 알게 한다는 것이 죄에서 속박당하라는 것이 아닙니다.

그것을 알아야 하나님의 새로운 언약인 십자가의 마음과 예수님의 고난에 감사와 사랑과 은혜가 나오기에 사람의 본성의 죄를 아는 것이 가장 중요하다고 말하는 것입니다.

그래야만 우리가 회개하고 또 예수 보혈에 의지하여 본성의 죄로 미혹하는 마귀에게 넘어가지 않고 싸워 이기게 되는 것입니다. 이를 모르면 나도 모르게 우리의 본성대로 살아가게 되는 것입니다.

수군수군하며 파당을 짓고 물질의 성공을 삶의 승리로 여기며 명예와 권세를 중요시하며 하나님은 나의 성공을 보조하는 신으로 떨어지게 만드는 것입니다.

지금 한국 교회는 하나님의 거룩함을 따라가려는 마음의 할례를 받고 자기 부인과 자기 십자가로 죄와 싸워 이기는 진리보다 교회의 번영과 성도의 성공만이 축복으로 알게 되었습니다.

그래서 죄가 교회에 누룩같이 번져도 죄의 십자가 대속만을 강조하기에 목사와 성도는 교회를 섬기며 마귀는 그 위에 십자가의 모양을 만들었습니다.

하나님의 진리로 교회가 일어나게 해야 합니다. 십자가의 모양을 버리고 십자가의 마음을 새기기를 원하시는 하나님의 뜻을 마음속 할례로 받아 기도로 간구하라고 해야 합니다.

새 언약으로 보는 신학

하나님의 십자가 마음인 새 언약을 모르면 성경의 전체를 바르게 볼 수 없으며 구원을 이루는 길도 쉽지 않습니다.

교회에 오고 세례를 받고 교회 봉사와 십일조를 잘하고 임직자가 되면 믿음이 좋은 것일까 고민해 봐야 합니다. 믿음으로 구원받는다는 믿음의 잣대를 바르게 이해해야 합니다.

믿음은 무엇일까요?

마음에 십자가의 피 묻음이 없는 믿음은 믿음이 아닙니다.

로마서 2장 29절에서도 "할례는 마음에 하라"라고 말씀하고 있습니다. 십자가에 달리신 예수의 피로 마음을 찢는 회개가 있는 믿음이 진정한 믿음입니다. 마음의 할례는 하나님의 사랑과 은혜를 마음과 생각에 기록하고 죄에서 돌아서는 것입니다.

마음에 예수 피는 없고 예수가 대속한 피만 아는 목사나 성도는 구원이 어렵습니다.

새 언약의 성경을 알아야 하는 것은 하나님의 십자가와 십자가의 마음에서 우리의 마음이 새로워지고 과거의 나를 십자가에 달아야 하기 때문입니다.

그래서 새 언약은 새로운 언약이며 우리가 마음을 새롭게 가지고 성령께 의지하여 하나님께 회개하며 쉬지 않고 기도해야 가는 믿음의 길입니다.

기독교가 하나님의 새 언약의 말씀을 바르게 신학적으로 풀어내지 못하고 있습니다.

그래서 기독교는 예수 그리스도의 십자가를 통해 하나님의 거룩함을 따라가는 신앙이 아니라 사람의 소망과 욕망을 풀어 주어야 하는 신앙이 되었습니다.

다른 종교와 마찬가지로 사람의 구복과 기복을 들어주어야 하는 신앙으로 내려앉았습니다.

사람의 본성의 죄는 하나님이 십자가에서 대속해 주었다고 해서 사라지거나 나오지 않는 것이 아닙니다.

죄는 자기 본능의 죄가 있고 마귀가 세상을 통해 미혹하는 죄가 있기에 어디에 있어도 죄는 다시 나오는 것입니다.

사람이 자기의 죄를 위해 십자가를 지신 그리스도의 할례를 보고 하나님의 은혜와 사랑을 알고 이제 내가 하나님의 십자가에 나의 자아를 부인하는 자기 십자가를 지고 죄와 싸우는 자가 되어야 하는 것입니다.

주 예수의 십자가에서 흘리시는 피와 살을 자기 마음을 찢어 내는 마음의 할례로 받아서 죄와 싸우는 기도의 신앙인이 되는 것이 기독교의 기본이 되어야 합니다.

사람이 죄와 싸워 이기는 자가 되길 바라면서 하나님이 십자가를 지시겠다는 마음과 그 마음을 우리 마음에 두시겠다는 언약을 새 언약으로 봐야 하는 성경입니다.

사람은 자기 자신의 죄를 간과하는 본능적인 특성이 있습니다. 자기 중심적인 생각과 마음이 죄를 흘려 버리는 것입니다. 그래서 하나님은 자기를 죽이시면서 너희의 죄가 십자가의 마음을 알고 자기의 죄를 다스리길 원하신 것입니다.

그러나 사람들은 그러한 하나님의 십자가 마음을 자기 대속의 십자가로 삼아 버리고 자기의 죄를 보거나 알려고 하지 않음으로 인해서 지금의 기독교는 다시 죄성이 지배하는 율법의 종교가 되고 말았습니다.

우리는 하나님의 새 언약을 십자가의 마음에서 다시 새롭게 조명하고 해석해야 합니다.

그렇게 될 때 우리는 하나님이 원하시는 죄와 싸우는 신앙인이 되고 자기 죄성과 미혹의 영의 계략을 보게 되어 하나님이 원하는 신앙으로 성장해 갈 수 있을 것입니다.

따라서 성경을 새 언약으로 말씀하시는 우리 마음에 두시겠다는 하나님의 영을 십자가의 마음으로 바로 봐야 합니다.

하나님께서 십자가의 마음으로 기록한 성경을 새 언약으로 볼 줄 알아야 하나님의 응답과 하나님의 마음과 하나님의 뜻이 이루어지는 경건하고 거룩한 주 예수를 닮아 가는 신앙으로 죄와 싸울 수 있을 것입니다.

새 언약을 하나님이 십자가를 져야 하는 마음에서 출발하고 구약을 사람의 불순종의 역사를 보여 주는 믿음으로 해석해야 합니다.

그 불순종의 죄를 담당하시는 새 언약의 중보자로 오시는 그리스도의 할례를 마음의 할례로 받아 낼 수 있어야 하나님의 영이 우리 마음에 두는 하나님의 언약이 이루어지게 되기 때문입니다.

우리는 삶에서 사람과의 교제와 교류를 통해 자기의 의견과 생각이 공감받고 이해받으며 살아가고 싶은 소망이 있습니다. 우리에게 공감은 의욕이고 격려이고 용기입니다.

그러나 사람들의 생각은 서로 달라서 그들에게 모든 것을 공감받을 수 없습니다. 그리고 그 공감 모두 옳은 것도 아닙니다.

우리의 공감은 새 언약이 사람의 불순종의 죄에서 태동되었음을 알고 가는 것에서 출발해야 합니다. 죄라는 말에 민감하게 반응하는 사람들을 위해서 다른 말로 설명한다면 하나님의 뜻에서 벗어나려는 사람들의 일탈된 행동을 죄라고 적시하는 것입니다. 하나님으로부터 벗어나 내 뜻으로 살아가고자 하는 것은 하나님의 시선에서는 일탈입니다. 어떤 것은 하나님의 뜻에 맞추고 어떤 일들은 자신의 마음대로 하는 것들은 모두 일탈한 본질입니다. 그런 상태에서는 하나님의 뜻에 순종할 수 없습니다. 그러한 기록이 구약의 이스라엘 역사입니다. 사람들에게 우리가 갖고 있는 본성의 죄를 기록하여 주신 것입니다.

이것을 공감하고 볼 수 있어야 하나님의 은혜와 사랑을 알 수 있는 것입니다.

하나님의 새 언약의 진리는 단 한 가지입니다. 사람의 본질적인 일탈의 죄성을 보는 것과 그 죄를 지셔야겠다는 하나님의 마음에서 출발하는 것이 새 언약의 십자가 마음인 것입니다.

세상은 점점 삐뚤어져 갈 것입니다. 세상의 공감은 진리의 길이 없으며 바르지 않은 선택들이 될 것입니다. 그 길 안에서 살아가는 바른 신앙의 진리는 새 언약의 십자가의 마음에서 나오는 기도의 길이어야 될 것입니다.

진리 안에서 예수 보혈의 피로 살아 내는 길이 되어야 생명의 길이 되는 것입니다. 예수 그리스도의 생명을 통하여 성령이 내주하시는 것입니다.

자기의 죄를 아는 것은 어려운 길입니다. 그 죄를 인정하고 바라보며 하나님의 마음을 아는 것은 어려운 일입니다. 그런 내 죄를 잘 모르는데, 하나님이 내 죄를 대신 지셨다는 것에 대한 공감은 더욱 어려운 것입니다.

그러나 이 모든 것은 영적인 신앙의 길에서 다 바른 선택의 길인 것입니다. 죄를 보고도 죄를 알지 못하는 우리를 위해 하나님이 십자가를 지신 것은 우리가 죄를 알길 원하시며 죄를 깨우쳐 바로 보길 원하는 하나님의 마음입니다.

그 죄의 대속의 출발점인 주 예수님의 십자가에서 이제는 죄와 싸워 이기겠다는 진리의 선포가 되어야 하는 것입니다.

죄와의 싸움

죄와의 싸움인 사탄의 미혹은 이 세상을 비윤리와 비도덕으로 이끌어 갈 정도로 막강합니다. 창조를 부인하는 정도를 넘어서 인권의 이름으로 성의 윤리와 가족의 도덕을 없애고 동성애와 양성평등을 법으로 만들어 내고 있습니다. 누가 이 법 앞에서 하나님의 새 언약인 우리 자신의 죄를 보라는 것에 동의하겠습니까?

자기의 죄도 모르는 기독 신앙인이 어떻게 하나님의 십자가의 마음을 자기의 마음으로 읽어 내고 자기 양심과 마음을 찢어 내겠습니까?

기독교가 무너지고 세상의 임금인 사탄의 죄가 득세하는 것은 죄를 잃어버린 신앙에서 시작되었습니다. 하나님이 주시겠다는 복은 이 시대 신앙인들이 바라고 교회가 끌어온 번영의 신앙이 아닙니다.

서구 열강의 기독교가 번영이 부족해서 신앙이 다른 길로 가고 있는 것이 아닙니다. 창조 이후 세계 최고의 부유함으로 살아가는 이 시대는 자기의 죄는 모른 채 자기의 죄의 회개는 없이 오로지 하나님께 "나의 복을 내게만 내려 주세요"라고 기도한 결과입니다. 세상 영광은 사탄이 주는 것임을 잊어버린 이 시대 교회와 교회를 이끌어 가는 목회자와 신학자들의 책임입니다.

신앙은 남의 잘못과 죄를 보던 것에서 벗어나 내 죄와 나의 본성과 나의 잘못을 봐야 합니다.

마귀는 나부터 미혹시켰습니다. 하나님은 그런 나를 마귀의 미혹과 본성의 죄에서 건지시려고 대속의 십자가를 지셨습니다.

"나는 모든 것이 악하다."

이 전제에서 성경을 보고 하나님의 새 언약에 담긴 십자가 마음을 봐야 새 언약의 중보자로 오신 예수 그리스도의 십자가에서 은혜와 사랑이 들어오게 되고 회개로 거듭남을 시작할 수 있습니다.

내가 그 죄의 근원인 내 본성을 자극하는 사탄의 미혹을 보고 주 예수의 십자가의 보혈로 마귀가 주는 생각과 마음을 쫓아내야 합니다. 그렇게 내 생각에 넣어 주는 에덴동산에서 하와를 유혹했던 마귀의 미혹을 이겨 내고 승리할 때, 하나님이 주시는 복은 내게 오고 그 복은 이웃과 나누는 신앙이 되어야 할 것입니다.

이제 성경을 하나님의 마음과 언약에서 다시 조명하고 해석하고 기도해야 합니다. 하나님은 너의 죄를 보고 깨닫고 회개하라고 하십니다.

하나님의 마음은 사람의 부패된 마음을 하나님의 피로 새롭게 해 주시기 위하여 계획되었습니다. 그 계획은 하나님의 새 언약에서 출발해야 하는 것입니다.

그것은 아담의 원죄에서부터 시작됩니다. 그리고 창세기와 구약에 걸쳐서 사람의 마음과 계획은 돌이킬 수 없게 부패되었음을 하나님은 이스라엘의 역사를 통해 조명해 주시고 깨달으라고 하신 것입니다.

'주 예수의 십자가'는 사람의 마음이 예수의 피를 보고 회개하여 새로운 마음으로 죄와 싸우고 죄와 이기라는 말씀입니다. 이기는 자는 자기 회개와 고백으로 하나님의 은혜를 깨닫고 '예수 피'와 '예수 이름'으로 기도하고 마귀를 대적하는 자여야 합니다.

마귀를 이기는 영적 힘은 '예수 피'와 '예수 이름'입니다.

이렇게 매일 매 순간 쉬지 않는 기도를 하는 이들이 나와야 세상의 변화가 하나님의 뜻 안에서 다시 움직이게 될 것입니다.

사람이 교회만 나가면 변화되고 새롭게 되는 것이 아닙니다.

그런 율법적인 신앙이 하나님의 뜻이었다면 이스라엘이 하나님의 복을 못 받고 멸망하지 않았을 것입니다.

사람의 새롭게 됨과 거듭남은 '예수 보혈의 피'를 자기 마음에 이식해야 하는 것입니다.

"하나님이시여 제게 예수 마음으로 승리하게 하여 주옵소서. 저의 죄악 가득한 부패한 마음이 주 예수께 십자가의 고난을 드렸습니다. 이제 주 예수의 피로 새롭게 씻은 자 되어 하나님이 원하시는 거룩함과 선함과 사랑과 은혜를 알았사오니 대적하여 이기는 자가 되게 해 달라"라고 기도해야 합니다.

이 세상의 끝 날까지 경건의 훈련과 쉬지 않는 기도로 승리하는 그리스도의 일꾼이 되게 해 달라고 외치는 기독 신앙인으로 깨닫고 성장해 가야 하나님은 우리를 의의 길로 인도해 가실 것입니다.

벧전 3:16 언제나 선한 양심을 가지고 사십시오. 그러면 그리스도 안에서 여러분이 행하는 선한 행실을 헐뜯던 사람들도, 그 일로 인해 부끄러워하게 됩니다

벧전 3:21 물은 예수 그리스도의 부활하심으로 말미암아 이제 너희를 구원하는 표니 곧 세례라 이는 육체의 더러운 것을 제하여 버림이 아니요 오직 선한 양심이 하나님을 향하여 찾아가는 것이라

2. 사람 본성의 죄에 대하여

죄의 묵상

사람의 자아는 영적인 영역으로서 자기 통제 불능의 영역입니다. 사람은 멀리 있으면 꽃이 되고 가까이 있으면 가시가 됩니다. 사람은 예수 그리스도의 십자가에서 매일 죽어야 가시를 숨길 수 있습니다.

예수님의 십자가에 나의 자아를 같이 매달고 죽어야 합니다. 예수님의 피와 살이 내 자아를 덮어야 합니다.

자아는 성령을 받아도 거룩함으로 변하는 것이 아니라 죄와 싸울 수 있는 영적 분별력이 생기는 것입니다. 영적 분별력은 회개의 기도를 통해 진리의 성령이 나타내 주시는 것입니다. 기도를 통해 우리는 그리스도의 피의 생명을 매일 공급받으며 내 자아를 주 예수의 십자가에 매달고 주님의 산 제사의 피로 마음을 찢으며 예수 그리스도로 살아 내는 길입니다.

요일 1:8 만일 우리가 죄 없다고 말하면, 그건 우리 자신을 속이는 것이고 진리를 저버리는 일입니다

요일 1:10 만약 우리가 죄를 짓지 않았다고 말하면, 그것은 하나님을 거짓말쟁이로 만드는 것이며, 우리 안에 하나님의 말씀이 없다는 증거입니다

아담의 범죄 이후에 사람은 부패하게 되었습니다. 이 세상의 임금은 사탄이 되었고 사람의 삶의 성패는 성공으로 권력과 권세와 물질을 가진 자를 세상의 성공자로 부르게 되었습니다. 세상 삶의 어디에도 하나님의 거룩함이 자리할 곳이 많지 않습니다. 사람은 정해진 율법을 따라 살아가는 것에는 익숙하지만 영성의 거룩함을 따라서 살아가는 것은 부담스러워합니다. 기도의 삶이, 경건의 삶이, 영성의 삶이 그렇게 간단하지 않기 때문입니다. 하나님은 사람의 성공을 위한 보조의 신이지 사람이 하나님의 말씀을 따라 사는 것은 어려운 신앙이 되었습니다.

죄는 하나님과 분리되는 상태로부터 시작합니다.

하나님을 신뢰하지 않는 것이 죄입니다. 하나님을 멀리하는 것이 죄입니다. 멀어진다는 것은 가깝지 않은 사이라는 것입니다. 가깝지 않다는 것은 사랑할 수 없는 사이라는 것입니다.

하나님은 이러한 우리 사람의 죄성에 대하여 성경에 꼼꼼하게 기록하였습니다. 우리 죄성을 성경의 말씀을 통하여 다시 조명하며 회개하고 기도하는 사람이 되어야 하겠습니다. 하나님은 아담으로부터 시작된 우리의 죄성의 행실을 바르게 하고자 새 언약을 실행하신 것입니다.

죄를 대속하고 다시 사람의 죄성으로 살아가는 것을 용납하시고 구원하기 위하여 자신의 육신에 죄를 정하신 것이 아닌 것을 알아야 합니다.

예수를 그리스도로 믿는 신앙인이면 그리스도의 할례에서 마음의 할례를 받아 자아의 본성이 된 죄성의 행실에서 돌아서는 기도와 경건의 훈련으로 쉬지 말고 기도하는 신앙이 되어야 자기의 구원을 잃어버리지 않게 될 것입니다.

하나님은 자신의 육신을 버리시면서 자기의 죄를 대속하고 잃어버리지 않는 구원과 죄를 사해 주는 대속으로 기뻐하는 사람들이 다시 자기 마음대로 살아가기 위하여 목숨을 버리신 것이 아닙니다. 세상이 주는 성공과 성취를 위해 달려가고 자신의 이익을 실현하라고 하나님이 새 언약의 중보자로 예수를 보내신 것이 아닌 것을 알아야 합니다.

하나님은 공의의 하나님으로 영생의 심판을 공의롭게 하시기 위하여 새 언약을 계획하시고, 실행하시고, 성령으로 기도하게 하시고, 경건의 훈련을 통해 하나님의 거룩함을 닮아 가는 자들만을 구원하시게 됨을 알아야 합니다.

하나님을 사랑함이 없이는 하나님의 사랑을 알 수가 없습니다. 하나님은 십자가의 죽음과 부활과 구원으로 하나님이심을 입증하셨습니다. 우리를 죽기까지 사랑함을 증거하였습니다. 그 증거는 새 언약의 성취로 성경에 기록되었고 우리가 간구하면 언제라도 우리 안에 들어오셔서 나를 통치하여 주시며 사탄의 미혹을 이기게 하여 주십니다.

성경에서 말씀하는 죄의 목록

하나님은 로마서 1장에서 하나님을 영화롭게도 감사하지도 않는 것이 죄라고 말씀합니다.

스스로 지혜 있다고 자기를 내세우는 자를, 하나님의 진리를 가리는 자를, 피조물인 돈과 물질을 최고로 생각하는 자를, 동성애로 음욕 하는 자를, 하나님의 거룩함을 따라가고자 하지 않고 기도하지 않는 자를,

상대방을 향해 뒤에 돌아서서 수군수군하고 시기하고 파당 하는 자를 악하다고 말씀하고 있습니다. 이에 해당되지 않는 사람들은 없습니다.

그래서 하나님은 회개의 기도로 죄인을 사랑하신 하나님의 은혜와 사랑을 알고 죄와 싸우는 자가 되라고 말씀하시는 것입니다.

롬 1:21 (사실) 인간은 하나님을 알고 있습니다. 그러면서도 하나님을 영화롭게 하거나 감사하기는커녕, 오히려 허망한 생각들로 인해 마음이 어두워졌습니다

롬 1:22 그들이 스스로 지혜롭다고 하지만, 실상은 어리석기 짝이 없습니다

롬 1:23 그래서 불멸의 하나님을 섬기는 대신, 썩어 없어질 사람이나 그 사람들이 만들어 놓은 각종 형상들을 섬깁니다

롬 1:24 그래서 하나님께서도 사람들이 그들의 욕정을 따라 살면서, 그들의 몸을 서로 욕되게 방치하십니다

롬 1:25 그들이 하나님의 진리를 거짓과 바꾸고, 창조주 대신 피조물을 더 경배하며 섬기지만, 영원히 찬양받으실 분은 창조주 하나님이십니다. 아멘

롬 1:26 이렇게 인간이 타락했기에, 하나님께서는 그들이 부끄러운 색정에 빠지는 걸 방치하십니다

롬 1:27 그래서 여자들이 정상적인 성행위 대신 비정상적인 것을 즐기고, 남자들 역시 여자와의 정상적인 성관계를 버리고 남자들끼리 부끄러운 짓을 합니다. 이러한 그들의 행위는, 자신들이 저지른 잘못에 대해 그들 몸에 마땅한 대가를 받기 마련입니다

롬 1:28 이렇게 인간들이 하나님을 인정하지 않기 때문에, 하나님께서도 그들이 올바른 판단력을 잃게 해, 해서는 안 될 일을 하도록 방치하시는 겁니다

롬 1:29-31 그래서 그들이 온갖 불의, 음행, 탐욕, 사악으로 가득 차게 되어, 서로 시기, 분쟁, 사기, 악의가 가득해 서로 험담하고 비방하며, 하나님을 미워하고, 불손, 오만, 자랑하며 악한 일을 꾀하고 부모를 거역하며, 우매하고 신의가 없으며 무정하고 무자비한 자가 되었습니다

고린도후서에서도 가정에서 다투고 싸우고 화를 내고 파당을 만들어 내고 음란함과 더러움을 회개하지 않는 자들에게 죄를 말씀하고 있습니다.

고후 12:20 또 여러분 가운데 서로 다투거나, 질투하거나, 성내거나, 야심을 드러내거나, 비방하거나, 수군거리거나, 거만 떨거나, 난동 부리는 일이 일어나지 않을까 하는 겁니다.

고후 12:21 전에 더럽고 음란하며 방탕한 삶에 빠져있던 사람들이, 아직도 그 죄를 회개하지 않는 것을 보고, 내가 슬피 울게 되지는 않을지 걱정이 되기도 합니다.

에베소서, 갈라디아서, 디모데전서에서도 거짓을 말하고 분을 내고 육체의 본성을 따라가는 자들도 세상 욕심으로 마귀에게 미혹당하는 자들에게도 악함을 버리라고 말씀합니다. 악함을 버리는 것은 회개와 기도입니다.

기도는 예수 피의 보혈로 죄를 쫓아내는 것입니다. 마귀를 대적하는 것입니다. 기도는 자기를 부인하고 자기 십자가를 지는 예수 피의 보혈로 하는 것입니다. 예수 이름을 부르며 자기의 죄를 회개하는 것입니다. 마귀가 속삭이는 세상 소리에서 영적 분별을 가르쳐 달라고 성령

을 사모하는 것입니다. 성령이 내주하는 기도를 전심으로 해야 하는 것입니다.

엡 4:25 이웃에게 거짓말하지 말고 진실을 말합시다

엡 4:26 화나는 일이 있어도 죄를 짓지 마십시오

엡 4:27 해 질 때까지 화를 품고 있으면, 마귀에게 여러분을 넘어뜨릴 빌미를 주게 됩니다

엡 4:28 도둑질하던 사람은 다시는 훔치지 말고, 정직하게 제 손으로 일하며 가난한 사람들을 도와주십시오

엡 4:29 더러운 말은 입 밖에 내지도 말고, 덕을 세우는 데 도움이 되는 선한 말을 해, 듣는 사람에게 은혜가 되게 하십시오

엡 4:30 하나님의 성령을 슬프게 하지 마십시오

엡 4:31 모든 독설과 격정과 분노와 소란과 욕설 같은 악의를 버리고, 서로 너그럽게 대해주고 불쌍히 여기십시오

갈 5:19 육체의 일은 현저하니 곧 음행과 더러운 것과 호색과

갈 5:20 우상 숭배와 술수와 원수를 맺는 것과 분쟁과 시기와 분냄과 당 짓는 것과 분리함과 이단과

갈 5:21 투기와 술 취함과 방탕함과 또 그와 같은 것들이라

갈 5:26 헛된 영광을 구하여 서로 격동하고 서로 투기하지 말지니라

딤전 1:9-10 율법이 제정된 것은, 의로운 사람들을 위해서가 아니라, 법을 어기는 자, 순종하지 않는 자, 경건하지 않은 자, 하나님을 떠난 죄인, 신성

모독하는 자, 거룩한 것을 속되게 하는 자, 모를 죽이는 자, 살인하는 자, 음행하는 자, 남색하는 자, 사람을 유괴하는 자, 거짓말하는 자, 거짓 맹세하는 자와 그밖에 건전한 교훈에 배치되는 교훈을 가르치는 자들을 다스리기 위해 제정된 것입니다

죄의 대속을 위한 새 언약의 십자가

아담의 범죄 이후에 하나님도 사람을 변화시킬 방법이 없었습니다.

죄는 사람이 짓고 벌은 하나님이 십자가에서 받으시는 구원 계획이 새 언약의 십자가 마음입니다. 죄가 있는 상태에서 하나님이 사람을 사랑하는 길은 자신이 죽고 다시 사는 방법이었습니다. 그리고 하나님이 우리 안에 들어오시는 방법을 택하셨습니다. 하나님의 영이 우리 안에 들어오시는 것은 죄가 없어야 했습니다. 그래서 그 죄를 간과하시는 것입니다. 간과는 없는 것이 아니라 보지 않으시는 것입니다.

예수의 피가 마음에 있는 자만 보는 것입니다. 그러한 사람은 하나님이 십자가에서 죽으신 것이 자신이 하나님을 멀리하는 죄 때문이라는 것을 아는 사람이어야 합니다. 하나님은 자신을 죽이면서까지 나를 사랑하셨지만 나는 하나님을 사랑하지 않았다는 것을 깨닫는 자여야 합니다. 그럴 때 하나님이 예수를 십자가에 보내는 그 하나님 아버지의 마음이 내 안에 들어오는 것입니다.

자신의 마음의 가죽을 찢으며 마음에 할례를 받은 자가 진정한 하나님의 자녀가 될 수 있는 것입니다. 그 자녀는 하나님의 사랑과 은혜를 알게 되고 비로소 하나님과 분리시키는 사탄의 미혹을 알고 쉬지 않는

기도로 경건의 훈련을 하며 자신이 하나님의 성전이며 교회된 자로 경건의 훈련을 하며 하나님의 일꾼으로 하나님을 증거하는 삶을 살기를 매일 결단해야 할 것입니다.

3. 성경의 줄기인 새 언약으로 성경 파악하기

하나님의 영을 우리 마음에 두는 새 언약

성경을 하나님의 십자가 마음인 새 언약으로 봐야 하는 말씀은 성경 전체를 하나님의 말씀을 바라보고 창세기, 구약, 신약, 종말을 향한 언약의 말씀에서 성경을 조명해야 하는 것입니다.

새 언약을 위한 하나님의 선포된 주제 말씀에 대하여 알아보면서 성경의 전체 산맥의 준령에 해당하는 하나님의 말씀을 먼저 파악하고 알아야 하겠습니다.

하나님의 새 언약의 계획은 아담이 범죄하고 사탄에게 여자의 후손이 네 머리를 상하게 할 것이라고 예표하면서 시작됩니다.(에덴동산)

> **창 3:15** 내가 너로 여자와 원수가 되게 하고 너의 후손도 여자의 후손과 원수가 되게 하리니 여자의 후손은 네 머리를 상하게 할것이요 너는 그의 발꿈치를 상하게 할 것이니라 하시고

그리고 하나님은 여자의 후손을 만들어 가기 위하여 갈대아 우르에 있는 아브람(BC 2100-1800년)을 부르시게 됩니다. 그리고 아브라함을 믿음의 조상으로 세우시며 그 가문을 열어 가십니다.

창 12:2 내가 너로 큰 민족을 이루고 네게 복을 주어 네 이름을 창대케 하리니 너는 복의 근원이 될지라

창 17:7 내가 내 언약을 나와 너 및 네 대대 후손의 사이에 세워서 영원한 언약을 삼고 너와 네 후손의 하나님이 되리라

하나님은 사람들이 하나님의 율법인 십계명으로 완전해지기를 바라시고 이스라엘 백성을 출애굽하여 훈련하십니다.

그러나 사람의 마음은 완악하여 율법으로는 온전해질 수 없음을 알게 하기 위하여 이스라엘의 역사를 통해 조망해 가기를 원하셨습니다.

하나님은 모세(BC 1300년경)에게 호렙에서 십계명을 주셨습니다. 십계명을 잘 지키면 복을 주시고 못 지키면 벌을 주시겠다고 언약하십니다. 그 언약을 우리는 첫 언약이라고 합니다. 그러나 그 언약 외에 새 언약을 위한 두 번째 언약을 모압 땅에서 선포하게 하셨습니다.

신 29:1 호렙에서 이스라엘 자손과 세우신 언약 외에 여호와께서 모세에게 명하사 모압 땅에서 또 그들과 세우신 언약의 말씀은 이러하니라

신 30:6 네 하나님 여호와께서 네 마음과 네 자손의 마음에 할례를 베푸사 너로 마음을 다하며 성품을 다하여 네 하나님 여호와를 사랑하게 하사 너로 생명을 얻게 하실 것이며

이것은 하나님이 역사와 영생의 통치자임을 드러내시고 사람에게 더 없는 사랑의 하나님임을 알게 하기 위하여 십자가의 새 언약을 세우기

위한 하나님의 예언을 또한 모세에게 선포하게 하신 것입니다.

그리고 하나님은 결국 하나님의 율법을 지키지 못한 이스라엘 민족에게 예레미야(BC 650년경)를 통하여 바벨론에게 항복할 것을 명하시게 됩니다. 그와 함께 하나님은 십자가의 마음을 우리 마음에 두시기 위하여 새 언약의 말씀을 다시 선포하며 예표하게 하십니다.

렘 31:31 나 여호와가 말하노라 보라 날이 이르리니 내가 이스라엘 집과 유다 집에 **새 언약**을 세우리라
렘 31:32 나 여호와가 말하노라 이 언약은 내가 그들의 열조의 손을 잡고 애굽 땅에서 인도하여 내던 날에 세운것과 같지 아니할 것은 내가 그들의 남편이 되었어도 그들이 내 언약을 파하였음이니라
렘 31:33 나 여호와가 말하노라 그러나 그 날 후에 내가 이스라엘 집에 세울 언약은 이러하니 곧 내가 나의 법을 그들의 속에 두며 그 마음에 기록하여 나는 그들의 하나님이 되고 그들은 내 백성이 될 것이라

하나님의 새 언약을 이루시기 위해서는 여자의 후손으로 죄가 없으신 하나님의 아들이 육신을 입고 오셔서 십자가에서 피의 제사와 고난을 받으셔야 했습니다.

하나님은 역사의 통치자로서 영생의 주관자로서 또한 인류를 사랑하는 하나님 공의의 보편성을 알리기 위하여 이사야(BC739-680년)에게 메시아가 올 것을 예언하게 하십니다.

사 7:14 그러므로 주께서 친히 징조로 너희에게 주실 것이라 보라 처녀가 잉

태하여 아들을 낳을 것이요 그 이름을 임마누엘이라 하리라

사 53:5 그가 찔림은 우리의 허물을 인함이요 그가 상함은 우리의 죄악을 인함이라 그가 징계를 받음으로 우리가 평화를 누리고 그가 채찍에 맞음으로 우리는 나음을 입었도다

드디어 여자의 후손으로서 성령으로 잉태된 예수(BC4년경-AD30년)가 인류 구원의 메시아로 나타나시게 됩니다. 이는 하나님이 아담으로부터 예표하시고 여러 선지자를 통해 예언하신 새 언약의 중보자로 예수 그리스도가 오시게 되는 것입니다. 예수 그리스도의 십자가는 새 언약의 마음을 우리 마음에 두는 하나님의 언약의 성취인 것입니다.

이스라엘 민족은 표피를 베는 할례를 받았으나 새 언약의 백성인 우리는 그리스도가 십자가에서 피와 살이 찢기는 그리스도의 할례를 받게 됩니다. 그리고 십자가에서 흘리시는 그리스도의 할례는 우리의 마음과 생각을 찢어 내는 애통함으로 내 마음을 칼로 도려내는 죄의 자각을 통해 죄를 멀리하고 죄와 싸워 이기겠다는 내 마음의 할례로 주어져야 하는 것입니다.

이러한 그리스도의 할례의 피를 마시고 나를 부인하고 자기 십자가를 지는 자는 생명의 떡인 그리스도의 피와 살을 먹어야 되는 것입니다.

골 2:11 여러분은 그분 안에서 손으로 행하지 않은 할례, 곧 육신의 몸을 벗어버리는 그리스도의 할례를 받았습니다.

자기 죄를 알지 못하고 죄의 본성과 죄를 부추기는 이 세상 임금인 사

탄의 권세를 모르는 신앙은 자기 마음을 찢어 낼 수 없습니다.

하나님이 심판대에서 보게 되는 것은 그리스도의 피를 먹고 내 마음을 찢어 내며 쉬지 않는 기도로 마귀를 대적하며 하나님이 원하시는 그리스도의 율법을 지키는 자가 생명책에 기록되어 영생의 구원에 이르게 되는 것입니다.

요 6:35 예수께서 가라사대 내가 곧 생명의 떡이니 내게 오는 자는 결코 주리지 아니할 터이요 나를 믿는 자는 영원히 목마르지 아니하리라

요 6:51 나는 하늘로서 내려온 산 떡이니 사람이 이 떡을 먹으면 영생하리라 나의 줄 떡은 곧 세상의 생명을 위한 내 살이로라 하시니라

요 6:53 예수께서 이르시되 내가 진실로 진실로 너희에게 이르노니 인자의 살을 먹지 아니하고 인자의 피를 마시지 아니하면 너희 속에 생명이 없느니라
요 6:54 내 살을 먹고 내 피를 마시는 자는 영생을 가졌고 마지막 날에 내가 그를 다시 살리리니

예수께서는 우리의 육신의 연약함을 알고 계시기에 십자가에서 마지막 숨을 거두시기 전 외치셨습니다.

"하나님 하나님 어찌하여 나를 버리셨나이까?"

그러나 우리는 예수께서 버림받지 아니하고 영생의 부활로 살아났음을 알고 있습니다. 하나님이 우리를 버린 것 같은 이 세상의 삶은 새 언약으로 그 창조의 역사에서부터 종말의 순간까지 우리를 살리실 것을 하나님은 선포하신 것입니다. 그것은 우리 죄의 각성은 하나님이 계획

하신 십자가의 마음과 십자가에서 흘리신 피와 살의 새 언약이 우리의 마음에 할례로 올 때 시작되는 것입니다.

마 27:46 오후 세 시쯤 되었을 때, 예수님께서 큰소리로 "엘리, 엘리, 라마 사박다니"하고 부르짖으셨다. 이 말은 "나의 하나님, 나의 하나님, 어찌하여 나를 버리십니까?"라는 뜻이다

히브리서 저자는 하나님이 구약에서 예표하신 새 언약이 그리스도로 인하여 이루어졌음을 다시 상기합니다. 그리고 우리의 마음의 할례로 하나님의 십자가 마음이 우리의 마음과 생각에 기록되어 하나님이 심어 주신 거룩한 양심으로 깨어나고 하나님의 백성이 되어야 한다고 선포합니다.

히 8:6 이제 그가 더 아름다운 직분을 얻으셨으니 이는 더 좋은 약속으로 세우신 더 좋은 언약의 중보자시라

히 8:10 그 날 후에 내가 이스라엘 집으로 세울 언약이 이것이니 내 법을 저희 생각에 두고 저희 마음에 이것을 기록하리라 나는 그들에게 하나님이 되고 그들은 내게 백성이 되리라

히 9:14 하물며 영원하신 성령으로 말미암아 흠 없는 자기를 하나님께 드린 그리스도의 피가 어찌 너희 양심으로 죽은 행실에서 깨끗하게 하고 살아계신 하나님을 섬기게 못하겠느뇨
히 9:15 이를 인하여 그는 **새 언약**의 중보니 이는 첫 언약 때에 범한 죄를 속하려고 죽으사 부르심을 입은 자로 하여금 영원한 기업의 약속을 얻게

하려 하심이니라

히 12:24 새 언약의 중보자이신 예수와 및 아벨의 피보다 더 낫게 말하는 뿌린 피니라

예수님은 부활하시어 말씀합니다. 전심으로 성령을 사모하며 기도하라고 말씀하십니다.

기도는 우리의 삶이 마칠 때까지 성령을 사모하며 기도하는 것입니다. 성령과 동행하며 쉬지 말고 기도해야 하는 것입니다. 성령을 사모하며 성령으로 세례를 받아야 하는 것입니다.

요 20:22 이 말씀을 하시고 저희를 향하사 숨을 내쉬며 이르시되 성령을 받으라

행 1:5 요한은 물로 세례를 베풀었으나 너희는 몇 날이 못되어 성령으로 세례를 받으리라 하셨느니라

우리는 성경의 기록의 대장정이 아담으로부터 사탄의 미혹에 넘어간 죄의 결과임을 잘 알아야 합니다.

우리가 십자가 대속의 은혜로 삶에서 계속되는 본성의 죄와 세상의 미혹 속에서 넘어지고 다시 일어나는 것은 하나님이 내 죄를 위하여 새 언약의 중보자로 성자 하나님을 고난의 십자가에 보냈다는 마음의 애통함과 하나님의 사랑을 아는 사람들이 기도로 영적 싸움을 해야 가능한 것입니다.

우리의 싸움은 경주자의 삶이 되어야 합니다. 기도는 그 생명 줄인 것입니다. 하나님은 우리가 행한 대로 심판하신다고 분명하게 말씀합니다. 경건의 훈련과 쉬지 않고 하나님을 부르는 기도는 마귀를 대적하는 생명의 길이 될 것입니다.

계 22:12 보라 내가 속히 오리니 내가 줄 상이 내게 있어 각 사람에게 그의 일한 대로 갚아 주리라
계 22:13 나는 알파와 오메가요 처음과 나중이요 시작과 끝이라

도표로 보는 새 언약의 선포와 역사와 성취 단계

성경	시대	하나님의 선포 말씀	새 언약의 성취 단계
창세기	창조 시기	창 3:15. 내가 너로 여자와 원수가 되게 하고 네 후손도 여자의 후손과 원수가 되게 하리니 여자의 후손은 네 머리를 상하게 할 것이요 너는 그의 발꿈치를 상하게 할 것이니라 하시고	여자의 후손이 사탄을 이기실 것을 선포
창세기	아브라함 B.C. 2100-1800년경	창 12:2. 내가 너로 큰 민족을 이루고 네게 복을 주어 네 이름을 창대하게 하리니 너는 복이 될지라 창 17:7. 내가 내 언약을 나와 너 및 네 대대 후손 사이에 세워서 영원한 언약을 삼고 너와 네 후손의 하나님이 되리라	아브라함을 부르시고 언약의 조상으로 삼으심

구약	인물/연대	말씀	내용
구약	**모세 B.C. 1300 년경**	신 29:1. 호렙에서 이스라엘 자손과 세우신 언약 외에 여호와께서 모세에게 명령하여 모압 땅에서 그들과 세우신 언약의 말씀은 이러하니라 신 30:6. 네 하나님 여호와께서 네 마음과 네 자손의 마음에 할례를 베푸사 너로 마음을 다하며 뜻을 다하여 네 하나님 여호와를 사랑하게 하사 너로 생명을 얻게 하실 것이며	모세에게 두 번째 언약을 선포하게 하심
	예레미야 B.C. 650 년경	렘 31:31. 여호와의 말씀이니라 보라 날이 이르리니 내가 이스라엘 집과 유다 집에 새 언약을 맺으리라 32. 이 언약은 내가 그들의 조상들의 손을 잡고 애굽 땅에서 인도하여 내던 날에 맺은 것과 같지 아니할 것은 내가 그들의 남편이 되었어도 그들이 내 언약을 깨뜨렸음이라 여호와의 말씀이니라 33. 그러나 그 날 후에 내가 이스라엘 집과 맺을 언약은 이러하니 곧 내가 나의 법을 그들의 속에 두며 그들의 마음에 기록하여 나는 그들의 하나님이 되고 그들은 내 백성이 될 것이라 여호와의 말씀이니라	예레미야에게 새 언약을 선포하게 하심
	이사야 B.C. 722- 680년경	사 7:14. 그러므로 주께서 친히 징조를 너희에게 주실 것이라 보라 처녀가 잉태하여 아들을 낳을 것이요 그 이름을 임마누엘이라 하리라 사 53:5. 그가 찔림은 우리의 허물 때문이요 그가 상함은 우리의 죄악 때문이라 그가 징계를 받으므로 우리는 평화를 누리고 그가 채찍에 맞으므로 우리는 나음을 받았도다	새 언약의 중보자로 임마누엘이 나올 것임을 이사야로 예언하게 하심

신약	예수 그리스도 B.C. 4년 경- A.D. 30년	요 6:35. 예수께서 이르시되 나는 생명의 떡이니 내게 오는 자는 결코 주리지 아니할 터이요 나를 믿는 자는 영원히 목마르지 아니하리라 51. 나는 하늘에서 내려온 살아 있는 떡이니 사람이 이 떡을 먹으면 영생하리라 내가 줄 떡은 곧 세상의 생명을 위한 내 살이니라 하시니라 53. 예수께서 이르시되 내가 진실로 진실로 너희에게 이르노니 인자의 살을 먹지 아니하고 인자의 피를 마시지 아니하면 너희 속에 생명이 없느니라 54. 내 살을 먹고 내 피를 마시는 자는 영생을 가졌고 마지막 날에 내가 그를 다시 살리리니 마 27:46. 제구시쯤에 예수께서 크게 소리 질러 이르시되 엘리 엘리 라마 사박다니 하시니 이는 곧 나의 하나님, 나의 하나님, 어찌하여 나를 버리셨나이까 하는 뜻이라 골 2:11. 또 그 안에서 너희가 손으로 하지 아니한 할례를 받았으니 곧 육의 몸을 벗는 것이요 그리스도의 할례니라 히 8:10. 또 주께서 이르시되 그 날 후에 내가 이스라엘 집과 맺을 언약은 이것이니 내 법을 그들의 생각에 두고 그들의 마음에 이것을 기록하리라 나는 그들에게 하나님이 되고 그들은 내게 백성이 되리라 히 9:14. 하물며 영원하신 성령으로 말미암아 흠 없는 자기를 하나님께 드린 그리스도의 피가 어찌 너희 양심을 죽은 행실에서 깨끗하게 하고 살아 계신 하나님을 섬기게 하지 못하겠느냐	새로운 언약의 중보자 예수 그리스도가 오심 (그리스도의 할례와 마음의 할례와 회개)

	15. 이로 말미암아 그는 새 언약의 중보자시니 이는 첫 언약 때에 범한 죄에서 속량하려고 죽으사 부르심을 입은 자로 하여금 영원한 기업의 약속을 얻게 하려 하심이라	
오늘과 내일을 바라보며	요 20:22. 이 말씀을 하시고 저희를 향하사 숨을 내쉬며 가라사대 성령을 받으라 요 3:5. 예수께서 대답하시되 진실로 진실로 네게 이르노니 사람이 물과 성령으로 나지 아니하면 하나님의 나라에 들어갈 수 없느니라 행 1:14. 더불어 마음을 같이하여 전혀 기도에 힘쓰니라	그리스도의 법이 마음에 심긴 하나님의 성전이 되어라 - 성령을 받으라
오늘과 영생을 소망하며	살전 5:16-18. 항상 기뻐하라 쉬지말고 기도하라 범사에 감사하라 이는 그리스도 예수 안에서 너희를 향하신 하나님의 뜻이니라 엡 2:21-22. 너희도 성령 안에서 하나님이 거하실 처소가 되기 위하여 예수 안에서 함께 지어져 가느니라 딤전 4:5. 하나님의 말씀과 기도로 거룩하여짐이니라 딤전 4:7. 망령되고 허탄한 신화를 버리고 경건에 이르기를 연습하라	쉬지 않는 기도로 경건의 훈련 지속하기 - 교회 된 자로서 그리스도의 일꾼 되기

계 시 록	종말	계 22:12. 보라 내가 속히 오리니 내가 줄 상이 내게 있어 각 사람에게 그가 행한 대 로 갚아 주리라 13. 나는 알파와 오메가요 처음과 마지막 이요 시작과 마침이라	재림과 심판: 각 사람에게 그 가 행한 대로 갚 아 주리라

Ⅱ.
새 언약의 성경 말씀

하나님의 십자가 마음이 '새 언약'입니다.

새 언약은 하나님의 '십자가'입니다.

성부 하나님이 성자 하나님을 십자가로 보내야 하는 마음입니다.

성자 하나님이 성부 하나님의 뜻으로 십자가를 지는 마음입니다.

성령 하나님이 하나님의 십자가 마음을 우리에게 두는 마음입니다.

하나님은 새 언약으로 세상을 다스립니다.

성경은 오직 새 언약만을 말씀하고 있습니다.

예수 이름과 예수 보혈의 기도로

성령의 열매를 맺는 새 언약의 일꾼이 되어야 합니다.

1. 새 언약의 성경 말씀 파악하기

성경을 하나님이 스스로 약속하신 새 언약으로 해석하고 성경을 조명해야 바른 신앙관의 성경이 읽힐 수 있습니다.

하나님의 마음인 새 언약은 성부 하나님이 우리의 죄를 대속하기 위하여 성자 하나님을 십자가로 보내야 하는 하나님의 애절함과 눈물이 있는 영광스러운 마음인 것입니다.

나를 살리기 위한 하나님의 이 간절한 마음을 보고 하나님의 사랑을 되새기고 죄와 싸우고 승리하기 위하여 기도해야 바른 신앙인으로 하나님이 원하는 하나님의 자녀로 성장해 갈 수 있습니다.

부모의 마음을 헤아리는 자식은 효도할 줄 아는 자식으로 성장합니다.

나의 죄 때문에 창조주이신 하나님이 스스로 십자가의 고난과 죽음과 부활을 선택하신 것은 나에 대한 사랑과 인류에 대한 사랑 이외에는 설명할 수 없는 것입니다. 하나님에게는 인류가 나이고 내가 인류인 것입니다.

그러나 인류를 향한 하나님의 십자가 사랑도 자신의 본성의 죄를 보고 깨달아 경건의 훈련으로 그리스도의 일꾼이 되는 이들에게만 이 은혜가 적용되는 것입니다. 죄를 모르면 들어서 깨우치고 기도로 성령 하나님께 자신의 죄를 조명해 달라고 기도하며 하나님이 싫어하시는 죄에

무감각해진 자신의 잘못을 회개해야 합니다. 성령께서 조명해 주실 나의 본성과 본능의 어쩔 수 없는 사망의 죄를 알아야 합니다. 그리고 그 본성을 이용하고 미혹하는 사탄의 간계를 알아야 합니다.

하나님이 계획하시고 스스로 언약하시고 실행하신 십자가에서 살이 찢기고 피가 철철 흐르는 예수님의 모습에서 나 때문이라는 죄로부터 나를 살리기 위해서라는 간절한 애통의 마음이 나의 마음을 찢고 살을 찢어 내는 아픔으로 와야 하나님의 더없는 사랑과 은혜를 알 수 있습니다.

그렇게 신앙을 알고 배운 사람은 이제는 자기 본성과 본능을 이용하고 미혹하는 사탄과 싸워 이길 수 있는 신앙인으로 성장해 가는 것입니다.

우리의 삶은 두 종류의 삶으로 구분해 볼 수 있습니다.

이 삶은 같이 있지만 구별되어 있는 것이고, 구별되어 있지만 같이 걸어가야 하는 것입니다. 단지 삶의 주도권을 하나님께 맡기고 있는 삶이 되는가, 내가 주도하는 삶으로 살아가고 있는 것인가의 주도적인 삶의 방식의 차이가 나타나는 것일 뿐입니다.

하나는 세상의 삶입니다.

세상에서 살아가는 방식입니다. 누구나 이렇게 살아갑니다. 교회를 다녀도 이렇게 살아가고 있습니다. 목사나 장로나 권사가 되어도 내가 나타나면서 살아가는 것입니다.

하나는 주 예수 안에서의 삶입니다.

십자가에 달리신 예수님의 피와 상처와 고난이 나의 죄성의 발흥 때문이라는 고백과 회개의 기도로 삶의 주도권을 성령 하나님께 맡기는 삶을 살아가는 기도의 사람들입니다.

어둠에서 주님의 빛 안으로 부르신 하나님을 가장 사랑하는 사람으로 거룩한 주 예수의 신부로 제자로 살아가기를 매일 결단하는 이들입니다.

"이제는 제가 모든 어두움의 권세를 가진 악한 영을 대적하고 이기겠습니다"라고 기도하는 이들입니다.

교회를 다니면서 자기의 죄성을 모르고 세상 성공을 위한 하나님의 복 주심을 추구하면서 세상 삶을 반복하는 것은 주 예수 안에서 사는 것이 아닙니다.

기도로 말씀 안에서 성령 하나님을 만나고 나의 마음과 생각을 성령께 맡겨야 하는 것입니다. 나의 통제권을 성령께 넘겨드려야 하는 것입니다. 그러기 위해서는 세상에서의 본능적이고 본성적인 삶에서 죄를 보고 알아야 합니다. 그 죄를 회개하고 돌아서는 것입니다.

아침에 눈을 뜨면 세수하고 화장하듯이 주님께 회개와 기도로 대적의 악한 영을 쫓아내고 성령께 나의 맘과 생각을 두고 오로지 주 예수 그리스도만을 사랑하는 주님의 신부로 아침을 맞이해야 하는 것입니다.

저녁에는 나의 일상을 동행해 주신 주님께 감사와 찬양과 영광을 올리는 기도의 시간과 말씀을 되새기는 시간을 가져야 하는 것입니다. 성령 하나님과 동행하고 성령 하나님이 내주하시어 주님이 주시는 평강한 천국의 삶은 기도로 말씀 안에서 살아가고자 경건의 훈련을 하는 이들에게 하나님이 "너는 복이 될지라" 하는 말씀이 삶으로 나타나게 되는 것입니다.

하나님께 감사로 기도하고 나를 이기기 위한 성령의 내주하심을 위해 기도하고 오늘 하나님이 십자가로 지켜 주신 나의 천국 된 삶을 살아 내겠다고 기도하는 사람이 되는 것입니다.

하나님 아버지의 십자가의 마음인 새 언약으로 성경을 봐야 나의 성경이 되고, 나의 성경책이 되고, 나의 성령님과의 교제와 교통으로 기도는 쉬지 않고 하나님을 부르고 사랑하고 감사하는 회개와 감격의 기도가 될 것입니다.

더 이상 악한 영은 나의 삶을 건드리지 못하고 예수 보혈의 깊은 사랑의 교감이 되어 그리스도의 일꾼이 되고 경건의 훈련을 하는 신앙인으로 그 삶에 천국의 표식인 성령의 열매가 달리는 그리스도인이 될 것입니다.

이것을 바라고 원하시어 하나님 아버지는 나를 권능으로 굴복시키지 않고 사랑으로 품어 주시고 그 사랑으로 승리하는 삶을 살기 위한 언약의 계획이 새 언약인 것입니다.

새 언약 안에서 하나님의 사랑과 은혜를 공기처럼, 산소처럼 마음껏 누리시고 기도하는 신앙인이 되어야 합니다.

이렇게 새 언약으로 보는 성경에서 예수 생명이 나와야 합니다. 예수 십자가의 보혈이 흘러나와야 합니다.

성경을 백독하고 좋은 말씀을 줄줄이 암기해도 성경에서 하나님의 마음을 모르고 십자가를 지셔야 하는 우리 본성의 죄성을 자기 마음을 찢어 내는 마음의 할례로 받아 내야 하는 새 언약의 핵심을 모르면 자기의 의만 나올 뿐입니다.

십자가의 보혈은 우리를 위해 십자가를 지시는 마음을 계획하신 하나님의 십자가 마음인 새 언약에서 시작되는 것입니다.

예수님은 율법을 폐하는 것이 아니라 완성하러 오셨다고 말씀하셨습니다.

어떻게 완성하는 것입니까? 마음의 할례로 그리스도의 율법이 완성되는 새 언약을 배우고 묵상하고 기도해야 합니다. 성경의 말씀을 바르게 해석해야 자기 신앙이 아닌 하나님의 신앙으로 바르게 나아가는 것입니다. 성경 전체를 하나님의 말씀의 약속인 새 언약으로 개관하고 성경을 조망해야 합니다. 이 언약의 말씀을 성경의 제일 높은 산맥으로 보고 성경을 조망하면 성경 전체에서 하나님이 우리의 마음에 두고자 하시는 죄와 싸워 이기라는 말씀이 보일 것입니다.

하나님의 말씀보다 높은 것은 없고 또한 약속의 맹세인 언약보다 귀한 말씀은 없습니다. 그래서 성경을 창세기, 구약, 신약, 종말로 구분하고 언약의 말씀을 조명해야 합니다.

산의 정상에서 아래를 봐야 모든 것을 정확하게 살필 수 있습니다. 하나님이 말씀하시는 성경의 핵심인 새 언약의 말씀이 거대한 산맥의 정상에 우뚝우뚝 서 있습니다. 이 말씀의 준령에서 아래를 봐야 성경의 각 권이 말씀하시는 성경이 보이기 시작합니다. 기도는 이 말씀을 성령님이 진리로 밝혀 주시는 교제와 교통입니다.

한 번에 모든 것을 이해하기는 쉽지 않으나 새 언약의 핵심 구절을 토대로 성경이 뚫어지고 하나님의 마음이 우리의 마음과 생각에 기록되어야 죄를 이기는 하나님을 부르는 기도를 할 수 있습니다.

새 언약은 성화해야 한다는 개념이 아닙니다. 새 언약을 알게 되면 성화는 자연스럽게 따라오게 되는 과정이 될 뿐입니다.

하나님이 인류 대속의 구원 계획을 세우시면서 하나님의 마음인 예수의 살과 피가 나의 죄로 인한 원인의 제공이고 그 원인을 하나님이 스스로 제거하신 것에 대한 원인적 사랑과 은혜를 알아야 하나님의 무조건적인 사랑 안에서 우리가 죄와 싸워 이기는 자가 되는 것입니다.

구약은 율법으로는 순종할 수 없는 사람의 불순종을 이스라엘 역사를 통하여 보여 주시는 것입니다. 첫 언약인 십계명을 지키지 못한 이스라엘이 어떻게 하나님의 벌을 받는가를 기록한 역사입니다. 구약의 위인들을 설명하면서 하나님의 순종과 충성을 요구하는 신학은 사람을 거듭나게 할 수 없습니다. 우리가 새 언약의 신학으로 성경을 다시 설명해야 하는 이유입니다.

하나님의 마음

우리가 성경에서 봐야 하는 것은 나의 죄를 대속해 주시기 위한 하나님의 마음입니다. 하나님 아버지의 독생자 예수를 하나님과 죄로 막힌 담을 허무는 새 언약의 중보자로 보내시겠다는 계획입니다. 그 계획으로 우리의 마음에 하나님의 영을 두시겠다는 십자가의 실행을 말씀하신 것이 새 언약입니다. 나를 위한 하나님의 십자가 피 흘림의 고난과 죄를 대신 지시는 말도 안 되는 어마어마한 상황이 새 언약입니다.

우리가 이러한 새 언약의 중보자로 오신 그리스도의 십자가에서 마음이 찢어지는 애통함과 죄로부터 돌아서고 그 죄를 미혹시켰던 사탄을 대적하겠다고 결심하지 않는다면 그들은 교회의 마당을 밟는 이들일 뿐입니다.

진정한 교회로의 거듭남은 십자가를 계획하시고 실행하시기 위해 결국은 순종하신 예수 그리스도의 십자가의 고난과 십자가의 마음이 내 마음을 칼로 도려내는 아픔과 사랑과 은혜로 들어와야 합니다. 이러한 내 마음을 칼로 도려낸 듯한 아픔을 성경은 마음의 할례라고, 예수의 십자가의 고난과 피 흘림을 그리스도의 할례라고 담담하게 적고 있습니다.

그러나 무엇보다 중요한 것은 우리가 자신의 죄에 대하여 무감각하다는 것입니다. 우리의 죄가 자신의 마음에 인정되고 조명되어야 하는 것입니다. 이것을 모르는 이들은 회개도 십자가의 사랑과 은혜도 알 수 없는 것입니다.

그래서 교회에서 하나님 앞에 자신의 세속적인 욕망을 이루기 위한 기도 제목을 나열하는 것입니다. 교회도 이를 부추기며 십일조의 삼십 배, 육십 배, 백배의 투자를 거둬들이는 욕심들을 숨기지 않고 있는 것입니다.

죄가 없는 기독교는 존재가 어렵습니다. 이미 세상의 방식으로 살아가는 것을 죄라고 하는 하나님의 말씀을 사람들이 교회 나온다고 알 수 있는 것이 아닙니다. 세상의 방식은 죄라고 말한다면 사람들은 "이상한 종교네" 하면서 고개를 갸웃거릴 것입니다. 그러나 교회는 이들에게 왜 세상이 죄인지를 가르쳐야 합니다.

세상의 주인은 사탄이 갖고 있음을 알려 주고 회개하는 과정을 가져야 합니다. 그래야만 세속화된 교회가 하나님의 뜻으로 나아갈 수 있습니다. 진정으로 하나님이 원하시는 하나님의 나라가 이 땅에서 나의 삶으로부터 시작될 수 있습니다.

하나님은 이렇게 새 언약의 기반 위에서 하나님의 은혜를 알고 마귀를 대적하는 이들에게 진리의 성령인 보혜사를 보내 주신다는 것입니다. 내가 하나님의 성전이 된 이들이 교회가 되고 삶이 천국이 되어 살게 해 주시겠다고 수많은 복을 주시겠다고 약속하신 것입니다.

지금의 교회와 성도는 십자가의 모형을 만들어 놓고 그 십자가의 형상만 있는 모래 위에 신앙을 쌓고 있습니다.

십자가의 마음과 십자가에서 하나님이 왜 새 언약을 말씀하시고 실행하기 위해 중보자로 독생자를 보내셨는지 깊이 있게 항상 기도하여야 합니다.

교회에서 사람의 죄가 십자가의 예수를 알고 믿는 것만으로 사해지고 구원을 받는다는 것이 오히려 사람들의 구원을 방해할 수 있습니다. 예수를 영접하면 예수님이 대속하여 구원이 견인된다고 말하는 것이 경건의 훈련으로 구원을 이루어 가는 데 가장 큰 걸림돌입니다.

새 언약의 신앙에서 하나님이 바라시는 것은 십자가에서 마음의 할례를 받고 진정한 회개와 내면의 변화를 위해 매일 기도하라는 것입니다.

거듭남

하나님은 사람 본성이 갖고 있는 자기 중심주의인 자아와 자존과 고집스러운 아집으로 인해서 자아가 심히 부패된 인류를 구원하기 위해 십자가를 지시기로 계획하시고 실행하셨습니다.

그런데 지금의 교회는 사람의 본성 때문에 하나님이 피를 흘리신 것을 그 본성은 그대로 두고 죄를 대속했다고 하니, 자아의 죄를 그대로 둔 채 "주여! 주여!"만을 외치는 우리의 신앙이 어떻게 죄를 인지하고 거듭나는 삶으로 주 예수께 감사와 영광을 돌릴 수 있겠습니까?

십자가의 마음을 알고 하나님이 싫어하는 죄를 깨닫고 회개하는 교회가 되어야 교회가 다시 일어날 수 있습니다.

우리는 주 예수님을 인성과 신성으로 그것의 완전하신 결합으로 봐야 합니다.

나를 이 세상에서 가장 사랑해 주시는 분은 우리 주 예수 그리스도입니다. 내가 이 세상에서 가장 사랑하는 분은 우리 주 예수 그리스도입니다. 하나님의 새 언약의 십자가 마음을 아는 성도는 이렇게 기도하게 됩니다.

예수님은 하나님입니다. 나는 그분 안으로 들어가야 합니다. 주 예수의 마음 안으로 들어가서 그분의 마음으로 살아가야 합니다. 주 예수 그리스도의 생명으로 내 생명을 연결시켜야 합니다.

하나님의 이적으로 생기는 하나님의 실존에 대한 감각의 인지는 영의 세계가 있는 것을 느낄 뿐입니다. '하나님이 계시는가 보다'라는 새로운 영역에 대한 발견으로 내가 경이로움과 경외심을 가지며 이성에서 영성으로 발전된 것이지 거듭남은 아닙니다.

거듭남은 죄를 인지하고 죄에서 돌아서기 위해 사탄이 유혹하는 내 육신의, 자아의 고집과 편 가름과 선입견과 나의 악을 보게 되면서 성부 하나님의 십자가의 마음과 성자 하나님의 십자가를 마음에 두고 생각에 기록하며 죄에서 돌아서게 하는 것입니다. 세상의 성공과 번영을 갈망하게 만드는 것이 미혹의 영이라는 것을 깨닫고 예수 보혈로 싸우는 것입니다.

하나님이 말씀하시는 거듭남의 비밀은 나의 본성이 갖고 있는 자아의 자기 부인과 자기 십자가로 주님의 영이 내주하시어 나의 영을 주관하게 만드는 하나님의 통치입니다.

사람과 사람 사이의 관계에는 사탄의 영이 존재하면서 관계를 하나님과의 관계보다 사람의 인지적이고 이성적, 감성적 영역으로 몰아가며 자기중심적인 사람들이 자기를 자랑하고 질투하고 모여서 수군수군하는 파당을 만들고 하나님이 싫어하는 죄성이 나오게 하는 것입니다.

새 언약의 하나님이 우리 마음에 두고자 하는 영은 십자가의 마음입니다. 아들을 십자가로 보내는 하나님 아버지의 마음이며 십자가에 달리시는 예수님의 피입니다.

우리 마음을 찢어 내는 피 뿌림의 언약의 맹세가 내게 이루어질 때 우리는 하나님의 모든 것을 사랑하고 은혜를 알 수 있게 되는 것입니다.

새 언약의 중보로 오신 그리스도의 십자가에서 흘리시는 피와 살이 내 마음의 부패함으로 인한 것임을 마음 가죽을 찢는 할례로 새기며 죄를 이기는 진리의 성령을 간구해야 합니다.

내 죄로 인한 예수 그리스도의 피와 살을 먹는 피 뿌림의 마음이 나의 마음에 진리의 성령으로 들어와 주실 것을 믿음으로써 하나님만을 사랑하는 간절한 마음으로 쉬지 않고 하나님의 이름을 전심으로 부르며 기도해야 합니다.

우리가 주 예수의 선하심과 거룩하심으로 십자가의 피를 생각하면서 보혈을 나누는 사랑의 영성이 나의 자아를 누르고 나누어야 하나님이 승리하시는 것입니다.

나의 죄로 부패한 자기중심의 자아를 죽이는 훈련이 기도입니다. 예수 피로 자기를 부인하는 것입니다. 예수의 피로 자아가 중요하다고 네 자존을 지키라고 부추기는 악한 마귀의 미혹이 있음을 깨닫고 예수의 피로 대적하는 것입니다.

주 예수의 마음이 드러나게 하옵소서!

주 예수의 고난의 피로 승리하게 하옵소서!

그래서 기도를 나의 기도에서 하나님의 이름을 부르며 예수 보혈로 예수의 피로 마귀의 미혹을 쫓아내는 기도의 시간으로 바꾸어야 합니다.

예수 그리스도께서 십자가에서 피 흘리시며 하나님의 선하심과 거룩하심을 위해 다 이기었다 하신 말씀과 보혈을 흘리는 예수님을 생각하면서 세상 마음을 넣어 주는 귀신에게 예수 피를 선포하는 것입니다.

예수 피! 예수 피! 예수 보혈! 예수 보혈! 외치며 기도의 집중을 방해하고 미혹하는 영들을 쫓아내는 것입니다.

그리고 주 예수님!

하나님! 내게 오셔서 나의 마음과 생각을 주관하옵소서!

나를 불쌍히 여겨 주옵소서!

주 예수님! 나를 성령으로 통치해 주옵소서.

주 예수 이름으로 보내 주시는 성령이 내 안에 오시고 내주하시어 나를 통치해 달라고 기도하는 것입니다.

기도가 신앙의 생명 줄입니다.

예수 그리스도의 살과 피가 생명입니다.

예수님의 생명은 성령을 보내 주시어 성령의 법으로 나는 온전해지게 되고 예수님의 통치 아래에서 평강과 은혜와 사랑을 받으며 살게 되는 것입니다.

2. 새 언약 말씀의 태동과 예표와 완성

성경의 줄기 말씀

살아 계신 하나님이 역사를 주관하시고 사람의 죄 된 영성을 다시 돌이키게 하는 새 언약의 말씀을 성경의 줄기로 적은 것이 성경입니다.

하나님은 새 언약으로 세상을 다스리고 계십니다. 이것이 하나님의 경륜입니다.

성경에서 특히 새 언약 줄기의 태동은 아담의 범죄로부터 시작합니다.

"내가 너로 여자와 원수가 되게 하고 네 후손도 여자의 후손과 원수가 되게 하리니 여자의 후손은 네 머리를 상하게 할 것이요 너는 그의 발꿈치를 상하게 할 것이니라 하시고"(창 3:15)부터 시작하면서 여자의 후손이 올 것을 예표하셨습니다.

그리고 새 언약의 역사를 만들어 가시기 위하여 갈대아 우르에 있는 아브라함을 부르시어 복의 근원으로 만들어 가십니다.

"내가 너로 큰 민족을 이루고 네게 복을 주어 네 이름을 창대하게 하리니 너는 복의 근원이 될지라"(창 12:2)와 "내가 내 언약을 나와 너와 네 대대 후손의 사이에 세워서 영원한 언약을 삼고 너와 네 후손의 하나님이 되리라"(창 17:7)를 관통하며 창세기를 통해 새 언약의 발판을 마련하십니다.

그러나 하나님은 사람은 율법적인 존재임을 아셨습니다. 하나님은 이스라엘 민족에게 십계명의 율법을 주시면서 이것을 잘 지키면 복을 주시겠다고 약속합니다. 모세에게 주신 십계명의 언약을 성경은 첫 언약이라고 합니다. 이것은 하나님께서 두 가지의 측면을 고려하시고 있음을 보아야 합니다.

하나님도 자신이 육신으로 오는 것은 사람들이 충분히 납득하고 동의하여야 했습니다. 사람은 율법으로는 하나님의 거룩함과 선하심을 따라갈 수 없는, 결국은 그 명령을 지킬 수 없는 존재라는 것을 알려 주어야 했습니다. 사람은 하나님의 존재성을 보여 주어도 결국은 자기의 생각대로, 자기 위주로, 자기중심적인 본능이 있음을 이스라엘의 역사를 통해 보여 주셔야 했습니다. 그래야 후대의 자손들이 하나님의 십자가 마음 앞에서 자기의 죄성을 고백하고 회개할 수 있기 때문입니다. 사람 본성의 죄를 하나님이 담당하시는 것을 보고 스스로 마음을 찢으며 하나님께 회개하고 돌아올 것을 기대하고 계시기 때문입니다.

또 한 가지의 측면은 하나님은 정말로 이스라엘 민족이 율법을 잘 지키는 백성이 되기를 원하셨습니다.

그래서 수많은 선지자를 통해 경고도 하시고 예언도 하시고 사람의 본보기로 아브라함, 이삭, 야곱, 요셉, 그리고 모세나 다윗이나 솔로몬과 많은 선지자를 들어 쓰시기도 하였습니다.

하나님은 우리가 율법적으로 하나님의 첫 번째 언약인 십계명의 뜻을 잘 지켜 내어 두 번째 언약인 새 언약의 말씀까지 가지 않고 하나님의 나라가 이루어지길 소망하셨을 것입니다.

하나님이 스스로 육신으로 오시어 고난을 받는 것은 상상하기 어려운 일이기 때문입니다.

그런 하나님의 소망 속에서도 하나님은 두 번째 언약으로 모세에게 선포하게 하십니다.

"호렙에서 이스라엘 자손과 세우신 언약 외에 여호와께서 모세에게 명하사 모압 땅에서 또 그들과 세우신 언약의 말씀은 이러하니라"(신 29:1)와 "네 하나님 여호와께서 네 마음과 네 자손의 마음에 할례를 베푸사 너로 마음을 다하며 성품을 다하여 네 하나님 여호와를 사랑하게 하사 너로 생명을 얻게 하실 것이며"(신 30:6)에 두 번째 언약을 말씀하시며 새로운 언약의 말씀을 다시 되새기게 하셨습니다.

그리고 결국 이스라엘은 하나님의 첫 번째 언약인 십계명의 율법을 지켜 내지 못하고 하나님의 뜻으로 살아 내지 못하게 되어 바벨론에게 멸망하게 되었습니다. 그 시기에 예레미야를 통해 이제는 직접적으로 새 언약이라고 명명하시며 하나님이 십자가에 달리셔서 우리에게 마음의 할례로 우리 마음에 두실 것을 말씀하시며 예표합니다.

"31. 나 여호와가 말하노라 보라 날이 이르리니 내가 이스라엘 집과 유다 집에 새 언약을 세우리라 32. 나 여호와가 말하노라 이 언약은 내가 그들의 열조의 손을 잡고 애굽 땅에서 인도하여 내던 날에 세운것과 같지 아니할 것은 내가 그들의 남편이 되었어도 그들이 내 언약을 파하였음이니라 33. 나 여호와가 말하노라 그러나 그 날 후에 내가 이스라엘 집에 세울 언약은 이러하니 곧 내가 나의 법을 그들의 속에 두며 그 마음에 기록하여 나는 그들의 하나님이 되고 그들은 내 백성이 될 것이라"(렘 31:31-33)에 이르러 그 언약의 약속인 십자가에 달려야 하는 십자가의 마음을 드러내시고 새 언약이라고 직접 밝히며 말씀합니다.

그리고 드디어 하나님은 이사야 선지자를 통하여 새 언약의 중보자로 오실 이가 메시아임을 드러내고 있습니다.

"그러므로 주께서 친히 징조를 너희에게 주실 것이라 보라 처녀가 잉태하여 아들을 낳을 것이요 그 이름을 임마누엘이라 하리라"(사 7:14) "그가 찔림은 우리의 허물 때문이요 그가 상함은 우리의 죄악 때문이라 그가 징계를 받으므로 우리는 평화를 누리고 그가 채찍에 맞으므로 우리는 나음을 받았도다"(사 53:5) 등 이사야서 전체에 걸쳐 메시아가 오시어 십자가의 고난과 대속의 은혜를 받게 됨을 선포하게 하십니다.

하나님은 인류를 위해 내가 십자가를 지면, 하나님의 사랑과 은혜를 알게 되어 '하나님은 나의 하나님이며 역사를 주관하시고 죄와 사망의 권세를 이기게 하시는 사랑의 하나님이심'을 마음과 생각에 깊이 새기고, 십자가에서 예수의 고난으로 인한 그리스도의 할례가 각자의 마음을 찢어 내고 생각에 심기는 마음의 할례가 되어 죄와 싸우고 죄와 싸워 이기는 사람이 되기를 원하셔서 새 언약을 계획하고 실행하신 것입니다.

그래서 결국 예수님이 오셔서 요한복음 6장에서 말씀합니다. "35. 예수께서 이르시되 나는 생명의 떡이니 내게 오는 자는 결코 주리지 아니할 터이요 나를 믿는 자는 영원히 목마르지 아니하리라 51. 나는 하늘에서 내려온 살아 있는 떡이니 사람이 이 떡을 먹으면 영생하리라 내가 줄 떡은 곧 세상의 생명을 위한 내 살이니라 하시니라 53. 예수께서 이르시되 내가 진실로 진실로 너희에게 이르노니 인자의 살을 먹지 아니하고 인자의 피를 마시지 아니하면 너희 속에 생명이 없느니라 54. 내 살을 먹고 내 피를 마시는 자는 영생을 가졌고 마지막 날에 내가 그를 다시 살리리니"(요 6:35-58 참조) 자신이 십자가의 마음을 마음에 심어 주고 보혈의 피로 죄 씻음을 주어야 하는 생명의 떡이 되심을 말씀합니다.

히브리서 기자는 "또 주께서 이르시되 그 날 후에 내가 이스라엘 집과 맺을 언약은 이것이니 내 법을 그들의 생각에 두고 그들의 마음에 이것을 기록하리라 나는 그들에게 하나님이 되고 그들은 내게 백성이 되리라"(히 8:10), "14. 하물며 영원하신 성령으로 말미암아 흠 없는 자기를 하나님께 드린 그리스도의 피가 어찌 너희 양심을 죽은 행실에서 깨끗하게 하고 살아 계신 하나님을 섬기게 하지 못하겠느냐 15. 이로 말미암아 그는 새 언약의 중보자시니 이는 첫 언약 때에 범한 죄에서 속량하려고 죽으사 부르심을 입은 자로 하여금 영원한 기업의 약속을 얻게 하려 하심이라"(히 9:14-15)에서 예레미야가 새 언약을 예표하고 이사야가 메시아가 올 것을 예언한 새 언약의 중보자로 예수 그리스도가 오신 것을 밝히고 있습니다.

예수를 십자가로 보내는 하나님 아버지의 십자가의 마음은 우리에게는 기쁨과 은혜와 찬양이나 하나님 아버지는 오로지 우리가 죄에서 돌아서기를 바라는 애끓는 부모의 마음입니다.

교회를 다니고 목사가 되고 장로 권사가 되어도 죄 씻음의 대속만 알고 죄에서 돌아서는 회개와 새 언약을 통한 하나님의 마음을 알고 죄와 싸워 이기는 자가 되지 않으면 하나님은 분명하게 나는 너를 모르는 자라고 말씀하실 것입니다.

창세기 3장 15절에서 시작한 구원을 위한 새 언약의 중보자로 오신 성자 하나님도 그 고통으로 인하여 십자가 위에서 "나의 하나님, 나의 하나님, 어찌하여 나를 버리셨나이까"(마 27:46)라고 울부짖으시며 죽음을 맞이하셨습니다.

사람들의 자기 본색과 자기중심의 사고가 이러한 하나님 아버지의 마음을 자기 편향적으로 맞춰 버린다면 우리 속담에 "물에서 건져 줬더니 보따리 내놔라" 하고 말하는 것보다 더욱 파렴치한 본성이 될 것입니다.

예수께서는 "이 말씀을 하시고 그들을 향하사 숨을 내쉬며 이르시되 성령을 받으라"(요 20:22)에서 그리고 부활하신 후 "요한은 물로 세례를 베풀었으나 너희는 몇 날이 못되어 성령으로 세례를 받으리라 하셨느니라"(행 1:5)에 기도함으로써 성령을 받으라 말씀하셨습니다.

"12. 보라 내가 속히 오리니 내가 줄 상이 내게 있어 각 사람에게 그가 행한 대로 갚아 주리라 13. 나는 알파와 오메가요 처음과 마지막이요 시작과 마침이라"(계 22:12, 13) 하시며 다시 오시는 날 각 사람이 행한 대로 심판을 하실 것을 말씀하셨습니다.

성경은 처음부터 사람의 죄로 시작되었고 죄를 이기는 자가 생명책에 기록되는 것입니다. 죄의 대속으로 교회만 열심히 다니는 자인지 내가 오로지 주 예수 그리스도만을 사랑하며 쉬지 않는 기도로 죄와 싸우는 자인지를 돌아보면 자기의 이름이 생명책에 기록되어 있는지 스스로 확인할 수 있을 것입니다.

성경에서 전권에 걸쳐 말씀하시는 하나님의 약속의 새 언약의 구절을 배우고 성경을 보면 전체 성경이 하나님의 구속사의 사랑과 은혜임을 알게 되고 느껴지고 읽힙니다.

사람은 모든 이에게 무조건적인 사랑을 하는 사랑하는 존재가 아닙니다. 사람은 사랑을 받으려고 하는 본능적인 본성을 갖고 있습니다.

우리는 예수의 피로 산 자요, 보혈의 빚을 진 자입니다.

하나님의 언약에서 사랑의 진리를 알고 마음과 생각에 기록하며 하나님이 나를 사랑하신 것과 같이 우리도 하나님을 가장 사랑하면서 하나님이 주시는 평강과 은혜 안에서 복된 삶을 살다가 주 예수의 나라로 거처를 옮기는 신앙인이 되어야 합니다.

자신의 죄를 모르고 인간 본성의 삶으로 성령의 내주를 기도하지 않고 교회의 마당만을 밟는 신앙은, 성육신하시어 십자가에서 목숨을 주시고 죄와 싸워 이기라고 예수 이름과 보혈을 주신 무한한 사랑의 하나님이 준엄한 심판대에서 생명책을 펴실 때에 기록되지 못한 자신의 이름을 발견하게 될 것입니다.

성경을 통해 하나님이 새 언약으로 자신을 십자가에 세우고 우리를 사랑하는 그 사랑을 알아야 주 예수의 피와 살의 사랑을 먹고 그 사랑의 생명인 그리스도의 피를 나누는 사랑을 실천해 갈 수 있습니다. 자신의 사랑이 가정으로부터 시작되어 이웃과 사회와 민족을 하나님의 사랑으로 심어 갈 수 있을 것입니다.

3. 새 언약을 계획하시고 성취하시고 적용하시는 하나님

삼위일체 하나님

하나님은 오직 한 분이십니다. 그러나 하나님은 한 분이시지만 성부, 성자, 성령으로 그 역할을 하고 계십니다. 삼위의 하나님은 단독적인 존재가 아니라 서로의 역할이 다른 것입니다.

사람의 죄를 대속하고 간과해 주시기 위하여 하나님은 여자의 후손을 보내는 언약을 하셨습니다.

성부 하나님은 성자 하나님을 대속의 육신으로 보낼 새 언약을 아담의 죄로부터 계획하셨습니다.

성자 하나님은 십자가에 고난으로 오시는 이 계획을 직접 실행하시고 성취하셨습니다.

성령 하나님은 성부 하나님이 성자 하나님을 십자가에 보내는 십자가의 마음과 십자가의 고난을 통해 오는 그리스도의 할례로부터 우리가 마음을 찢어 죄에서 돌아서게 하는 마음에 할례를 받도록 우리에게 적용하고 계십니다.

삼위일체 하나님이 어떻게 태초 이전부터 함께하시며 천지를 창조하시고 지금까지 일하시고 있는지를 성경의 본문 말씀만을 토대로 알아보겠습니다.

성경에 삼위일체라는 단어는 없습니다. 그러나 성경은 삼위 하나님이 하나이신 것을 말씀하고 있습니다. 대표적으로 말씀하는 성경의 구절로 삼위 하나님이 하나이신 하나님으로 계시고 있습니다.

창 1:1 태초에 하나님이 천지를 창조하시니라

창 1:26 하나님께서 "우리가 우리 (성부, 성자, 성령) 형상대로 우리의 모양을 따라 사람을 만들어, 그들이 물고기와 새와 가축과 온갖 들짐승과 길짐승을 다스리게 하자" 하고 말씀하셨다.

마 28:19 그러므로 너희는 가서 모든 족속으로 제자로 삼아 아버지와 아들과 성령의 이름으로 세례를 주고

요일 5:6-8 예수 그리스도께서는 물로 세례를 받으셨고, 십자가에서 피도 흘리셨습니다. 진리이신 성령이 이것을 증언합니다. 증언하는 이가 셋인데, 곧 성령과 물과 피이고 이 셋은 일치합니다.

- 성부 하나님

창 1:1 태초에 하나님이 천지를 창조하시니라

창 12:1-2 여호와께서 아브람에게 이르시되 너는 너의 본토 친척 아비 집을 떠나 내가 네게 지시할 땅으로 가라. 내가 너로 큰 민족을 이루고 네게 복을 주어 네 이름을 창대케 하리니 너는 복의 근원이 될지라

창 3:14 하나님께서 모세에게 말씀하셨다. "나는 스스로 있는 이다. 너는 이스라엘 백성에게 '스스로 있는 이가 나를 너희에게 보내셨다'고 말해라."(하나님은 피조물이 아니라 시작도 없고 끝도 없는 영원한 존재라는 표현이다.)

창 3:15 하나님께서 다시 말씀하셨다. "이스라엘 백성에게 '나를 여러분에게 보내신 이는 여러분 조상들의 하나님이시다. 곧 아브라함과 이삭과 야곱의 하나님이시다.'라고 말해 주어라. 이것이 영원한 내 이름이고, 너희들이 대대로 기억해야 할 이름이다."

막 12:28 이 이야기를 듣고 있던 한 율법 학자가 예수님께서 훌륭하게 답변하시는 걸 보고 예수님께 물었다. "모든 계명 가운데 첫째가는 계명이 무엇입니까?"

막 12:29 예수님께서 "첫째가는 계명은 이것입니다. '이스라엘아, 들어라. 우리 하나님은 유일하신 주님이시다.

막 12:30 그러므로 네 마음을 다하고 목숨을 다하고 뜻을 다해, 주 너의 하나님을 사랑해라.'

막 12:31 둘째가는 계명은 이렇습니다. '네 이웃을 네 몸과 같이 사랑해라.' 이 두 계명보다 더 큰 계명은 없습니다."

– 성자 하나님

요 1:1 천지가 창조되기 전부터 말씀이 있었다. 이 말씀이 하나님과 함께 있었고, 이 말씀이 곧 하나님이시다.

요 1:2 이 말씀이 처음부터 하나님과 함께 있었다.

요 1:3 하나님께서 이 말씀으로 만물을 창조하셨기에, 피조물 가운데 말씀을 통해 창조되지 않은 게 하나도 없다.

마 28:18 예수님께서 제자들에게 가까이 오셔서 말씀하셨다. "아버지께서 내게 하늘과 땅의 모든 권세를 주셨습니다.
마 28:19 그러니 여러분은 가서 모든 민족을 제자로 삼아, 아버지와 아들과 성령의 이름으로 세례를 주고, 내가 그대들에게 명령한 모든 걸 가르쳐 지키게 하십시오.
마 28:20 내가 세상 끝날까지 여러분과 함께 있겠습니다."

눅 9:20 그러자 예수님께서 제자들에게 다시 물으셨다. "그러면 여러분은 나를 누구라고 생각합니까?" 베드로가 대답했다. "주님은 하나님의 그리스도이십니다."
눅 9:21 그러자 예수님께서 제자들에게, 이 말을 아무에게도 하지 말라고 엄하게 당부하셨다
눅 9:22 그러고 나서 "인자가 많은 고난을 받고 장로들과 대제사장들과 율법 학자들에게 버림받아 죽었다가, 사흘째 되는 날 다시 살아납니다"라고 말씀하셨다.
눅 9:23 덧붙여 이런 말씀도 하셨다. "누구든지 나를 따라오려거든, 자기를 부인하고 자기 십자가를 지고 따라야 합니다."

요 11:25 나는 부활이요 생명이니 나를 믿는 자는 죽어도 살겠고
요 11:26 무릇 살아서 나를 믿는 자는 영원히 죽지 아니하리니 이것을 네가 믿느냐
요 11:27 가로되 주여 그러하외다 주는 그리스도시요 세상에 오시는 하나님

의 아들이신 줄 내가 믿나이다

요 17:3 영생은 곧 유일하신 참 하나님과 그가 보내신 자 예수 그리스도를 아는 것이니이다

요 17:5 아버지여 창세 전에 내가 아버지와 함께 가졌던 영화로써 지금도 아버지와 함께 나를 영화롭게 하옵소서

요 17:16 내가 세상에 속하지 아니함 같이 저희도 세상에 속하지 아니하였사옵나이다
요 17:17 그들을 진리로 거룩하게 하옵소서 아버지의 말씀은 진리니이다

요 17:21 아버지께서 내 안에, 내가 아버지 안에 있는 것 같이 그들도 다 하나가 되어 우리 안에 있게 하사 세상으로 아버지께서 나를 보내신 것을 믿게 하옵소서

요 17:24 아버지, 아버지께서 저에게 맡겨주신 사람들도 제가 있는 곳에 함께 있게 해주시고, 창세 전부터 저를 사랑하셔서 저에게 주신 영광을 그들이 보게 해 주십시오.
요 17:25 의로우신 아버지, 세상이 아버지를 알지 못해도 저는 아버지를 알았고, 지금은 이 사람들도 아버지께서 저를 보내셨다는 것을 깨달아 알고 있습니다.
요 17:26 저는 이 사람들에게 아버지의 이름을 알게 했고 앞으로도 알리겠습니다. 그래서 저를 사랑하시는 아버지의 사랑이 그들 안에도 있고, 저도

그들 안에 있다는 것을 알도록 하겠습니다."

- 성령 하나님

창 1:2 땅은 모양을 갖추지 못해 혼돈했고, 칠흑 같은 어둠이 깊은 물 위를 덮고 있었으며, 하나님의 영이 수면을 감돌았다.

요 14:26 보혜사 곧 아버지께서 내 이름으로 보내실 성령 그가 너희에게 모든 것을 가르치시고 내가 너희에게 말한 모든 것을 생각나게 하리라

요 15:26 내가 아버지께로부터 너희에게 보낼 보혜사 곧 아버지께로부터 나오시는 진리의 성령이 오실 때에 그가 나를 증거하실 것이요

눅 10:21 그때 예수님께서 영으로 기쁨이 충만해 말씀하셨다. "하늘과 땅의 주인이신 아버지여, 이 모든 걸 지혜롭고 총명한 사람들에게는 숨기시고, 어린아이같이 순진한 사람들에게 보여주시니 아버지를 높이 찬양합니다. 그렇습니다. 이것이 아버지께서 원하시는 방법입니다.

요 20:22 이 말씀을 하시고 저희를 향하사 숨을 내쉬며 이르시되 성령을 받으라

행 1:8 오직 성령이 너희에게 임하시면 너희가 권능을 받고 예루살렘과 온 유대와 사마리아와 땅 끝까지 이르러 내 증인이 되리라 하시니라

새 언약은 삼위일체 하나님이 아담으로부터 종말까지 세상을 다스리

는 하나님의 경륜입니다.

인류를 구원하기 위해서 하나님 아버지가 십자가를 계획하신 아픈 마음을 알고, 성자 하나님의 십자가의 보혈에서 마음을 새롭게 하고(롬12:2, 엡4:21-24) 성령 하나님과 동행하며 십자가를 마음에 새기며 주님을 위해 살아가야 합니다.(롬14:8, 갈2:20)

우리가 새 언약의 일꾼으로 쉬지 말고 기도하는 기도의 훈련으로 경건의 삶으로 나아가야 합니다.

롬 12:1 사랑하는 형제 여러분, 내가 하나님의 자비함을 힘입어 여러분에게 권합니다. 여러분의 몸(육체와 관련된 생활, 혹은 삶 전체)을 하나님께서 기쁘게 받으실 거룩한 산 제물(구약시대에는 산 짐승을 죽여 제물로 바쳤다)로 드리십시오. 이것이 여러분이 드릴 진정한(합당한) 예배입니다.
롬 12:2 이 세상을 본받지 말고 오직 마음을 새롭게 함으로써 새 사람이 되어, 하나님의 선하고 기뻐하시는 온전한 뜻이 무엇인지 분별하십시오.

엡 4:21-22 여러분은, 진리이신 예수님 안에서 듣고 가르침 받았으니, 허망한 걸 좇다가 썩어져 없어지는 옛사람을 벗어 버리십시오.
엡 4:23-24 그리고 마음과 생각을 새롭게 해, 하나님의 형상대로 창조된 거룩하고 선한 새사람을 입어야 합니다.

롬 14:8 우리는 살아도 주님을 위해 살고, 죽어도 주님을 위해 죽습니다. 그러므로 우리는 살든지 죽든지 주님의 것입니다.

갈 2:20 나는 그리스도와 함께 십자가에 못 박혔습니다. 그러므로 이제는 내가 사는 게 아니라, 그리스도께서 내 안에 사십니다. 지금 내가 육신을 덧입고 사는 것은, 나를 사랑하셔서 나를 위해 자신을 버리신 하나님의 아들을 믿는 믿음으로 삽니다.

단계별 연대기로 보는 새 언약의 구원 계획

삼위 하나님은 이렇듯이 우리를 구원하는 계획을 역사의 시대별로 선명하게 그 말씀을 드러내셨습니다. 그 말씀은 우리를 살리는 새 언약이 되었고 그 새 언약은 성부께서 계획하시고 성자께서 성취하시고 성령께서 우리에게 적용하여 우리를 구원의 길로 인도하고 살리시는 것입니다.

이 새 언약은 모든 것을 하나님이 직접 담당하시겠다는 것입니다. 사람이 들어갈 자리도, 차지할 자격도, 책임도 없는 오직 하나님의 사랑만이 있는 그리스도의 채움이 1-4단계 계획입니다. 그리고 우리가 성도로서 주님의 제자가 되고 교회가 되기 위하여 쉬지 않는 기도와 경건의 훈련을 하면서 그리스도로 채워야 하는 5-6단계가 우리의 신앙과 삶에 적용되어야 하는 것입니다.

하나님은 우리가 그리스도로 채우는 삶을 살아 냈는가를 종말에서 그 잣대로 심판을 하실 것입니다.

하나님의 언약을 적용 시대와 시기별로 7단계를 적용하면서 확인해 보겠습니다.

- 1단계: 천지창조

시초언약, 아담언약: 아담의 범죄 후에 언약하심

· "여자의 후손이 네 머리를 상하게 하겠다"라고 언약하시다.

- 2단계: 아브라함 B.C. 2100-1800년경

영원한 언약: 아브라함을 믿음의 조상으로 부르심

- 3단계: 모세 B.C. 1300년경, 예레미야 B.C. 650년경

두 번째 언약과 새로운 언약의 예언 선포

· 아브라함과 이삭과 야곱에게 하신 언약을 모세에게 두 번째 언약의 말씀으로, 예레미야에게 새 언약의 말씀으로 선포하시다.

· 이사야(BC739-680)를 통하여 새로운 언약의 중보자로 메시아의 태어나심과 고난과 구원을 예언하게 하시다.

- 4단계: 예수 그리스도 B.C. 4년경-A.D. 30년. 오늘을 살아가며

새로운 언약의 중보자 예수 그리스도(그리스도의 할례와 마음의 할례, 그리고 회개)

· 예수 그리스도를 피 뿌림의 산제사를 지내는 새로운 언약의 중보자로 보내시다.

· 오늘을 살아가는 신앙인으로서 마음의 할례로 거듭남

- 5단계: 오늘과 내일을 바라보며

성령을 받으라(거듭남과 성령의 열매)

· 그리스도의 법이 마음에 심긴 하나님의 성전이 되어라.

– 6단계: 오늘과 영생을 소망하며

· 쉬지 않는 기도로 경건의 훈련 지속하기

· 교회 된 자로서 그리스도의 일꾼이 되기

– 7단계: 종말

재림과 심판

· 각 사람에게 그가 행한 대로 갚아 주리라

· 준엄한 심판으로 천국과 지옥을 가리시다

1단계의 아담 언약에서 사탄이 주는 죄로부터 구원하시는 하나님의 언약은 2단계에서 아브라함을 부르시어 믿음의 조상으로 정하시고 3단계에서 모세에게 주신 첫 언약인 십계명인 구약의 율법 시대를 거쳐 이스라엘이 하나님의 율법을 지키지 않아 멸망하는 가운데에서도 하나님은 두 번째 언약으로 인류의 구원을 생각하시고 이스라엘의 멸망에서도 예레미야를 통하여 새 언약을 선포하게 하십니다.

하나님은 하나님의 영을 우리의 마음에 두는 언약을 새 언약이라고 말씀하신 것입니다.

4단계의 언약은 우리의 죄를 간과해 주시기 위해 예수 그리스도가 직접 십자가에 달리시는 고난의 실행입니다. 살이 찢기며 피를 흘리시는 하나님의 사랑을 보며 성령 하나님을 우리 마음에 둘 때 우리는 하나님의 백성으로, 주 예수님의 종으로 하나님을 사랑하고 하나님께 은혜와 감사의 기도로 죄와 싸우고 사탄의 미혹을 이기며 쉬지 않고 기도하며 경건한 삶으로 하나님께 영광을 돌릴 것을 기대하셨습니다.

은혜를 아는 사람들이 되어 새 언약의 중보자로 오시는 예수 그리스도를 사랑하며 하나님의 나라를 이루어 갈 것을 마음에 두신 것이 4단계의 언약이며 이러한 언약의 말씀이 성경을 관통하는 하나님 역사의 산맥입니다.

이렇게 하나님은 스스로를 죽이시고 성령을 주시며 우리가 하나님만을 사랑하기를 기대하고 그에 따라 쉬지 말고 기도할 것을 명하십니다. 그런데 사람의 본성은 이런 하나님의 죽으심과 사랑도 자기 위주로 해석하고 받아들이고 말았습니다.

1-4단계 구원 계획은 하나님의 전적인 은혜입니다.

언약은 모든 인류에게 주시는 하나님이 직접 말씀하시고 감당하시고 적용하신 하나님의 은혜로 받는 언약과 대속과 구원입니다. 이것은 하나님이 전적으로 행해 주시는 그리스도의 채움입니다.

그러나 그다음 단계는 우리 신앙인의 몫입니다. 이것을 그리스도의 살과 피로 채우는 기도와 경건의 삶으로서 그리스도로 채움이라고 적었습니다. 게으른 자에게 하나님은 구원을 주시지 않습니다. 요즘 교회에서 선포하는 구원관은 믿음으로써 구원받았다는 것입니다. 믿음이 어떤 믿음인지 척도가 없습니다. 교회만 나오면 믿음이 있다고 하고 죄의 대속으로 죄 씻음 되었다는 주입식 설교로 교회도 타락하고, 목회자와 성도도 자기의 본성의 죄와 미혹의 죄를 모르니 마귀와 싸울 줄도 모릅니다. 십자가에서 마음에 할례로 거듭나기 위해 죄와 싸우고 죄를 이기는 기도를 가르치는 설교와 교회를 찾기 어려운 신앙이 되었습니다.

성령을 찾는 것도 하나님의 권능만을 나타내고 싶어 치유 사역에만 관심을 갖게 되니 진리의 성령이 주시는 마음의 할례인 죄를 알고 분별하고 죄와 싸우는, 진리의 성령을 간구하는 기도는 찾아 볼 수가 없습니다.

하나님의 권능은 구약시대에도 선지자들이 나타냈었지만 그들에게는 예수님의 십자가의 피가 없으므로 진리의 성령을 주시지 않았습니다.

권능의 성령은 기적을 나타내는 성령의 사역으로써 치유, 방언, 예언 등으로 하나님의 영적 세계가 있음을 알리는 사역인 것입니다.

진리의 성령은 그리스도의 할례와 마음의 할례로 자기 부인과 자기 십자가를 지고 가는 그리스도로 인한 성령의 법으로써 하나님의 심판인 좁은 문을 통과하는 진리의 사역이 되는 것입니다. 진리의 성령은 예수 그리스도 피의 값입니다.

예수님의 살과 피로 성령께서 마음의 할례로 오는 자기 부인과 자기 십자가의 삶이고 오로지 하나님만을 부르고 하나님만으로 만족하는 삶을 살아 내는 경건의 훈련이 있는 영역입니다. 성령의 열매를 맺고 쉬지 않고 기도하는 그리스도의 일꾼이 되는 삶이 되는 것입니다. 그리스도의 피가 우리의 마음에 찰 때 하나님의 진리로 싸울 수 있는 것입니다. 그래서 하나님은 기도로 간구하고 기도로 싸우라고 하시는 것입니다.

그리스도의 살과 피를 생각하면서 그리스도로 채워야 하는 5단계와 6단계의 하나님의 언약은 우리가 기도하라는 것입니다. 성령을 사모하며 기도하라는 것입니다. 성령의 열매를 맺는 그리스도의 일꾼이 되라는 것입니다. 하나님을 사랑하는 쉬지 않는 기도로 경건의 훈련을 하라는 것입니다. 자기 부인과 자기 십자가를 지는 신앙인이 되어서 사탄이 주는 미혹을 이기는 자가 되라는 것입니다. 쉬지 말고 기도하며 성령을 받고 성령과 동행하며 성령이 내주하는 그리스도의 일꾼으로 하나님을 가장 사랑하는 자가 되어 그리스도를 비추는 자가 되라는 것입니다. 우리의 거듭남은 그리스도로 채우는 것입니다.

그리스도의 채움과 그리스도로 채움

하나님이 우리 마음에 부어 주시는 마음과 생각의 채움에는 두 가지가 있습니다.

하나는 하나님의 전적인 계획과 실행과 성취의 십자가로 주시는 그리스도의 채움입니다. 그리스도의 채움은 하나님의 무조건적인 은혜로 주시는 것으로써 새 언약으로 우리의 마음에 두시겠다는 하나님의 십자가 마음과 십자가인 것입니다. 전 인류에게 주시는 십자가의 은혜인 대속과 구원과 영원한 사랑입니다. 인류 구원의 시작은 십자가의 마음으로 계획되고 십자가로 성취되었습니다. 그리스도의 십자가의 피 흘림으로 채워 주신 사랑과 은혜입니다. 그리스도의 채움은 하나님이 십자가를 통해 대속을 주신 완전하고 순결한 영성의 채움입니다. 성도가 해야 할 일이 전혀 없는 하나님의 전적인 사역의 영역입니다.

그러나 그리스도로 채움은 우리가 마음의 할례로 성령의 열매를 맺는 생활로 경건의 훈련으로 쉬지 않는 기도의 생활로 채워야 하는 삶이 되어야 하는 것입니다. 우리의 마음과 생각에 그리스도의 십자가의 살과 피로 채워야 하는 그리스도로 채움이 되어야 하는 영역입니다.

지금의 교회에서 가르치는 거의 무조건적인 대속과 구원을 교회에 출석하는 모든 성도에게 적용하려는 무리함으로 교인은 자신의 죄와 성령의 열매, 그리스도의 성전 됨을 잊고 있습니다. 이것은 하나님이 원하시는 진리로의 구원을 어렵게 만들 것입니다.

성도는 자신의 죄성의 본질과 하나님을 벗어나려는 사람의 본성을 깨닫고 말씀과 기도에 힘써야 합니다.

본인들이 하나님의 이름을 부르고 사탄의 미혹을 예수 피로 쫓아내는 쉬지 않는 기도로 그리스도로 채워져서 성령을 받고 경건의 훈련을 해야 하는 것입니다. 단순하게 믿음으로 구원받는 것이 아니라 마음의 할례받은 신앙인이 자기의 삶을 걸고 하나님을 사랑하는 길을 가는 것입니다. 죄와 싸워 이기는 기도의 삶을 사는 것입니다.

믿음의 척도는 십자가의 예수님을 알고 있다는 교회를 나가고 있다는 믿음의 인지가 아니라 새 언약의 십자가의 마음과 십자가의 피가 마음에 새겨지고 생각에 각인된 믿음이어야 합니다.

그리스도로 채움은 예수님의 살과 피로 우리의 마음과 생각과 가슴에 가득 채우는 것입니다. 하나님의 영을 우리의 마음에 두는 하나님의 새 언약의 성취를 이루는 과정입니다. 그것은 십자가로 보내는 성부 하나님과 십자가를 지시는 성자 하나님의 마음입니다.

우리의 죄를 대속하시는 그리스도의 할례가, 우리의 마음을 찢어 내는 마음의 할례가 새겨진 자들이 하나님의 나라를 차지할 것입니다. 각자의 마음에 할례를 받아 그리스도의 마음으로 살아 내는 경건의 훈련과 쉬지 않는 기도를 하는 것입니다. 이렇게 훈련된 자는 하나님과의 기도를 즐거워하고 하나님만을 사랑하며 하나님이 주시는 평강으로 예수를 전하는 삶을 사는 이들이 될 것입니다.

그리스도로 채워지는 5단계와 6단계의 신앙의 훈련은 우리의 삶이 끝나고 하나님이 7단계 계시록의 종말에서 각자 행한 대로 갚으시겠다고 말씀하신 언약의 심판대에서 천국과 지옥을 가르는 심판이 되는 것입니다.

하나님은 요한계시록 3장 20절에서 "볼지어다 내가 문 밖에 서서 기다리노니"라고 말씀합니다. 하나님은 새 언약의 십자가 말씀을 실행하셔서 그리스도의 채움을 주셨습니다. 그리고 하나님은 이어서 말씀합니다.

"누구든지 내 음성을 듣고 문을 열면 내가 그에게로 들어가 그와 더불어 먹고 그는 나와 더불어 먹으리라"

하나님은 이제 계속해서 우리 신앙인의 역할을 강조하시고 명령하십니다. 너희가 이제 문을 열라는 것입니다. 문은 내가 여는 것입니다. 남이 와서 내 문을 열어 주는 것이 아닙니다. 내 문은 내가 열어야 합니다. 그것이 그리스도로 채움이고 하나님의 이름을 쉬지 않고 부르는 기도입니다. 새 언약의 일꾼으로 내가 그리스도로 채워 가야 하는 것입니다. 나의 기도에 응답하신 하나님이 성령으로 나와 함께 하시는 것입니다.

성령이 오시는 것이 교회만 오면 자동으로 문이 열리는 것이 아닙니다. 하나님은 새 언약을 통하여 하나님이 세우신 1-4단계를 직접 실행하셨습니다. 이제 5-6단계의 기도와 회개와 경건의 훈련으로 성령의 열매를 맺으며 그리스도의 거룩함을 따라오기를 소망하고 계십니다.

하나님은 예수 그리스도의 할례로 죄를 사해 주는 대속의 사랑을 주셨습니다. 율법의 시대에는 자기의 죄를 사함받기 위하여 5대 제사가 행해졌습니다.

번제는 희생 제물을 불에 태워 그 냄새를 하나님께 피워 올리는 제사, 소제는 유일하게 동물이 아닌 곡물로 예물을 삼아 드리는 피 없는 제사, 화목제는 하나님과 인간 사이 그리고 인간과 인간 사이의 화평과 친교를 나타내는 제사, 속죄제는 죄를 지은 자가 죄 사함을 얻기 위하여 드리는 제사, 속건제는 인간이나 하나님의 성물에 대해 범한 죄를 속함받기 위해 드리는 제사입니다.

율법의 시대에 죄의 대속은 이스라엘 백성들이 이렇듯 어려운 과정을 거치며 제사를 드렸습니다. 그리스도로 사는 것은 매일이 제사이며 이 제사가 쉬지 않는 기도로 그리스도를 채우는 삶이 되어야 합니다.

신앙인은 이러한 하나님의 자기를 버리신 사랑을 마음대로 재단하고 해석하여 무절제한 삶의 행위로 다시 사탄의 좀비가 되는 노여움을 촉발시키면 안 되는 것입니다. 하나님의 심판을 무서워해야 합니다. 하나님과 교제하는 기도로서 죄를 이기고 성령의 열매를 맺는 자가 되기 위해 기도의 삶을 실아 내야 하는 가르침이 절내적으로 필요한 것입니다.

1-4단계에서 하나님의 주권으로 우리의 마음과 생각에 넣어 주신 그리스도의 채움은 5-6단계의 훈련으로 그리스도로 채움이 되는 우리의 삶이 되어야 합니다.

그리고 각 사람의 삶의 종말로 오는 죽음으로 하나님의 심판이 있습니다. 7단계의 심판에서 하나님은 각자가 행한 대로 갚아 주시겠다고 선포하셨습니다.

새 언약의 중보자로 오신 주 예수 그리스도의 십자가에서 흘리시는 피와 살을 마음을 찢어 내는 할례로 받아서 마음과 생각에 하나님의 십자가로 채우는 자만이 자기를 비울 수 있습니다.

자기를 부정하고 자기 십자가를 지는 기도로 내려놓음을 시작할 수 있습니다. 예수의 피와 살을 먹는 생명의 빵으로 예수의 피로써 채움이 될 때에 내려놓음이 가능하게 되는 것입니다.

새 언약의 십자가는 사람의 마음을 새롭게 해 주어 하나님의 영을 우리 마음에 두시는 것입니다.

쉬지 않고 기도하는 경건의 훈련 속에서 그리스도로 채움을 한 신앙인은 하나님께서 "잘하였다. 착한 종이여"(누 16:17)라고 말씀하시며 그 기쁨을 나타내 주고 "생명책에서 그의 이름이 지워지지 않을 것이다"(계 3:5)라는 말씀이 이루어질 것입니다.

4. 새 언약의 시작을 위한 여자의 후손인 예수 그리스도

새 언약의 시작인 아담 언약

하나님은 아담의 범죄 이후에 여자의 후손으로 예수 그리스도를 보내실 것을 예표하십니다. 이것이 새 언약의 시작입니다. 이렇듯 새 언약은 성부 하나님이 성자 하나님을 십자가로 보내야 하는 상상조차 할 수 없는 계획이며 실행이 되는 것입니다.

이러한 새 언약을 위한 사건은 천지를 창조하신 하나님이 사람을 전능하심으로 복종시키지 않으시고 자신을 육체로 보내심으로써 사람의 마음을 찢는 살아 있는 양심으로 순종하게 하는 것입니다. 그리스도의 피를 우리 마음에 보내심으로써 마음에 할례를 행하여 그리스도의 보혈로 피의 순종을 하게 하시는 사건인 것입니다.

그리하여 하나님이 생명책의 심판대에서 보시고자 하는 것은 십자가에 흘리신 예수 보혈의 피를 얼마나 마음에 새기며 간구하는 기도로 마귀를 대적하고 자기의 본능을 예수 피로 대적하며 싸워 이기며 하나님의 거룩함을 따른 자인지 예수 피를 마음에 새긴 자로 결정할 것입니다.

창 3:15 내가 너로 여자와 원수가 되게 하고 너의 후손도 여자와 원수가 되게 하리니 여자의 후손은 네 머리를 상하게 할 것이요 너는 그의 발꿈치를 상하게 할 것이니라

언약의 시작과 여자의 후손 예표

성부 하나님은 성자 예수 그리스도를 하나님의 영을 우리 마음에 두는 새로운 언약의 중보자로 보내시게 됩니다. 이것은 우리가 죽은 마음의 행실에서 깨끗하게 하고 영원한 기업의 약속으로 깨끗하게 하시고자 제일 사랑하는 성자 하나님을 그리스도의 피로 쓰시는 사랑의 율법을 완성하는 것입니다.

히브리서 9:14 하물며 영원하신 성령으로 말미암아 흠 없는 자기를 하나님께 드린 그리스도의 피가 어찌 너희 양심을 죽은 행실에서 깨끗하게 하고 살아 계신 하나님을 섬기게 하지 못하겠느냐

여자의 후손으로 오시는 예수 그리스도

하나님은 이러한 새 언약의 약속을 스스로 준행하기 위하여 여자의 후손을 준비하시게 됩니다. 하나님이 준비하시는 여자의 후손은 혈통이 아니라 하나님을 사랑하고 하나님의 말씀을 지켜 나가고자 하는 여인들을 통해 나타나게 됩니다.

그리고 죄가 없으신 육신으로 오시기 위하여 마리아는 성령으로 잉태함을 알게 됩니다. 마태복음을 통하여 여자의 후손의 족보를 보겠습니다.

마태복음 1장 1절에서는 하나님이 아담에게 했던 언약의 말씀을 따라서 아브라함의 자손으로 그리고 다윗 왕조의 혈통을 가진 예수 그리스도를 보내시게 됩니다. 따라서 마태복음의 첫 시작은 아브라함과 다윗의 자손이 왕의 혈통을 가지고 여자의 후손으로 오셨다고 명시하게 됩니다.

1. 아브라함과 다윗의 자손 예수 그리스도의 계보라
2. 아브라함이 이삭을 낳고 이삭은 야곱을 낳고 야곱은 유다와 그의 형제들을 낳고
3. 유다는 다말에게서 베레스와 세라를 낳고
5. 살몬은 라합에게서 보아스를 낳고 보아스는 룻에게서 오벳을낳고
6. 다윗은 우리야의 아내에게서 솔로몬을 낳고
16. 마리아에게서 그리스도라 칭하는 예수가 나시니라
20. 그 태중에 있는 아기는 성령으로 말미암은 것이라

여자의 후손으로 사용하는 여인들은 사람으로는 입에 담기 부끄러운 이력을 가졌습니다. 그러나 하나님은 여자의 후손으로 보내는 기다림의 여인들과 하나님만을 사랑하는 여인들을 사용하셨습니다.

- 유다의 며느리: 다말

하나님의 언약이 성취되길 소망하며 여자의 후손이 자기를 통하여 이어지길 소망했던 여인

- 기생: 라합

여호수아가 여리고성을 정복할 당시 "너희의 하나님 여호와는 위로는 하늘에서도 아래로는 땅에서도 하나님이라"(수 2:11) 고백하던 천한 기생의 신분이었던 여인

- 모압 여인: 룻

"어머니의 하나님이 나의 하나님이시라"(룻 1:16) 고백하고 모든 것을 잃은 시어머니인 나오미를 따라간 이방 여인

- 우리야의 아내: 밧세바

다윗에게 더 없는 충신이었던 우리야

우리야의 아내인 밧세바를 탐하여 그 우리야를 최전선에서 죽게 한 다윗

비록 다윗의 아내가 되었으나 하나님은 충직한 신하 우리야를 기억하셨습니다. 그리하여 다윗이 밧세바를 통해 솔로몬을 낳고 그 왕권을 이어 갔으나 하나님은 우리야의 아내라고 성경에 기록하게 하시며 우리야의 아내로 여자의 후손을 이어 가게 하십니다.

- 성령의 잉태: 마리아, 예수 그리스도의 탄생

드디어 예수 그리스도가 성령으로 잉태되게 됩니다.

마리아는 하나님께 순적하게 순종하는 여인입니다.

성령으로 잉태된 것을 천사에게 전해 들은 마리아는 "주의 여종이오니 말씀대로 내게 이루어지이다"(누 1:38)라고 담대히 고백합니다. 그리하여 여자의 후손은 완성되고 죄가 없으신 성령으로 잉태된 예수께서 탄생하게 됩니다.

예수 그리스도는 만물을 창조하신 삼위 하나님

새 언약의 중보자로 오시기 위하여 성부 하나님이 계획하신 분은 삼위일체의 하나님으로 성자 하나님으로 제2위 격을 가지시고 천지를 창조하신 성자 하나님이 오시게 됩니다.

예수 그리스도가 태초에 하나님과 같이 천지를 창조하였음을 증거하는 성경의 말씀들을 보겠습니다.

삼위 하나님이 같이 동역 사역으로 천지를 창조하신 것은 창세기 1장 26절에 "하나님이 우리의 형상을 따라 우리의 모양대로 우리가 사람을 만들고"라고 말씀하시면서 삼위일체의 하나님이 같이 천지를 창조하시었음을 언급하고 계십니다.

창 1:26 하나님이 이르시되 우리의 형상을 따라 우리의 모양대로 우리가 사람을 만들고 그들로 바다의 물고기와 하늘의 새와 가축과 온 땅과 땅에 기는 모든 것을 다스리게 하자 하시고 또한 요한복음의 저자이며 예수님의 제자인 요한은 그의 복음서인 요한복음 1장을 통하여 그가 예수 그리스도가 태초에 하나님과 함께 천지를 창조하였음을 선포하고 있습니다.

요 1:2 그가 태초에 하나님과 함께 계셨고

요 1:3 만물이 그로 말미암아 지은 바 되었으니 지은 것이 하나도 그가 없이는 된 것이 없느니라

히브리서의 저자도 성부 하나님이 성자 하나님인 예수와 같이 모든 세상을 지었음을 나타내고 있습니다.

히 1:2 하나님께서는 그 아들을 만물의 상속자로 세우시고 또한 그를 통해 모든 세상을 지으셨느니라

육신을 입고 오신 예수님께서 그의 공생애 당시에 요한복음을 통해 창세 전부터 하나님 아버지와 함께 계셨고 천지를 창조하였음을 직접 여러 곳에서 말씀하시며 새 언약의 중보자로 오신 살아 있는 떡임을 여러 곳에서 말씀하고 있습니다.

요 17:5 아버지여 창세 전에 내가 아버지와 함께 가졌던 영화로써 지금도 아버지와 함께 나를 영화롭게 하옵소서

요 17:24 아버지여 내게 주신 자도 나 있는 곳에 나와 함께 있어 아버지께서 창세 전부터 나를 사랑하시므로 내게 주신 나의 영광을 그들로 보게 하

시기를 원하옵나이다

요 5:39 너희가 성경에서 영생을 얻는 줄 생각하고 성경을 상고하거니와 이 성경이 곧 내게 대하여 증거하는 것이니라

요 5:46 모세를 믿었더라면 또 나를 믿었으리니 이는 그가 내게 대하여 기록하였음이라

요 6:46 이는 아버지를 본 자가 있다는 것이 아니니라 오직 하나님에게서 온 자만 아버지를 보았느니라

요 6:48 내가 곧 생명의 떡이니라

요 6:51 나는 하늘에서 내려온 산 떡이니 사람이 이 떡을 먹으면 영생하리라 내가 줄 떡은 곧 세상의 생명을 위한 내 살이로라 하시니라

성경은 그 이외에도 누가복음, 골로새서, 고린도전서 등 여러 곳에서 예수 그리스도께서 하나님의 형상이시고 모든 피조물보다 먼저 나시고 만물이 그로부터 나왔음을 말씀합니다.

골 1:15 그는 보이지 아니하시는 하나님의 형상이시요 모든 피조물보다 먼저 나신 이시니
골 1:16 만물이 그에게 창조되되 하늘과 땅에서 보이는 것들과 보이지 않는 것들과 혹은 나 보좌들이나 왕권들이나 통치자들이나 권세들이나 만물이

다 그로 말미암고 그를 위하여 창조되었고
골 1:17 또한 그가 만물보다 먼저 계시고 만물이 그 안에 함께 섰느니라

눅 24:25 미련하고 선지자들이 말한 모든 것을 마음에 더디 믿는 자들이여
눅 24:26 그리스도가 이런 고난을 받고 자기의 영광에 들어가야 할 것이 아니냐 하시고
눅 24:27 이에 모세와 및 모든 선지자의 글로 시작하여 모든 성경에 쓴 바 자기에 관한 것을 자세히 설명하시니라

고전 8:6 그러나 우리에게는 한 하나님 곧 아버지가 계시니 만물이 그에게서 났고 우리도 그를 위하며 또한 한 주 예수 그리스도께서 계시니 만물이 그로 말미암고 우리도 그로 말미암았느니라

그리하여 하나님의 영을 우리 마음에 두는 하나님의 언약인 새 언약(New Covenant)에서 하나님의 영은 성부의 십자가의 마음이며 성자의 십자가의 피를 우리 마음에 두시겠다는 하나님의 언약이 새 언약입니다. 새 언약은 하나님의 영을 우리 마음에 두시는 것입니다. 하나님의 영은 아들을 십자가로 보내는 하나님 아버지의 마음이며 십자가에 달리시는 예수님의 마음입니다.

즉 새 언약에서 하나님이 우리 마음에 두는 하나님의 영은 성부 하나님의 십자가의 마음과 십자가에서 그리스도의 할례를 행하시는 성자 하나님의 마음을 우리 마음에 마음의 할례로 두시는 것입니다.

5. 성경을 기록하게 하신 하나님의 목적

성경을 창세기, 구약, 신약, 종말로 보기

성경은 구약과 신약으로 구분되어 있으나 우리가 성경의 말씀인 새 언약을 바로 알기 위해서는 구약을 창세기와 구약으로 신약을 신약과 계시록으로 구분하고 봐야 합니다.

하나님은 창세기를 통하여 믿음의 조상 아브라함을 세우시고, 그 계보를 통하여 구원의 그리스도를 보내 주신다는 것입니다.

구약의 역사는 하나님이 먼저 모세에게 십계명의 율법과 규례를 주어 이스라엘 민족이 율법으로 하나님을 섬기고 사랑할 수 있는가를 이스라엘 역사를 통하여 보여 주고 있습니다. 하나님은 이스라엘 민족에게 너희가 주 하나님의 말씀을 잘 듣고, 이 율법책에 기록된 명령과 규례를 지키며 마음을 다하고 정성을 다해 주 너희의 하나님께로 돌아오면, 복을 받게 될 것이라고 말씀하셨습니다.

그러나 이스라엘 왕조는 사울, 다윗, 솔로몬이 각각 40년씩 통치함으로써 겨우 120년간 통일 왕국을 유지합니다. 열두 지파의 이스라엘은 솔로몬의 아들인 르호보암 때에 북쪽 이스라엘과 남쪽 유다로 양분

되었습니다.

북이스라엘은 여로보암을 포함해 19명의 왕이 209년간 다스리다가 B.C. 721년에 앗수르에 의해 멸망합니다. 남유다는 르호보암을 시작으로 20명의 왕이 344년간 통치하다가 B.C. 586년에 바벨론에게 멸망합니다. 하나님이 수많은 선지자를 보냈으나 율법으로는 하나님의 계명을 준수하지 못하였습니다. 율법은 자기 이름으로 살아가며 계명을 지키는 것입니다. 하나님을 믿지만 자기 이름으로 살아가는 이들은 구원받을 수 없다는 것을 기록한 것이 이스라엘의 역사입니다.

우리나라는 신라 천 년, 고려 오백 년, 조선 오백 년의 역사입니다. 겨우 120년의 통일 왕국은 역사에서 알아주지도 않는 국가의 역사입니다.

하나님이 그런 이스라엘의 역사를 경고하시며 기록하신 것은 율법으로 모양만 있는 신앙은 열매를 맺을 수 없다는 것을 보이신 것입니다.

하나님이 같이한 이스라엘 역사에서 하나님이 배우라고 하시는 것은 하나님이 다스리시나 하나님을 떠난 민족은 누구든 준엄하게 심판하신다는 메시지입니다. 율법 신앙의 무서움을 우리는 구약의 이스라엘에서 배워야 합니다. 지금 우리의 신앙은 하나님이 있지만 자기의 믿음을 갖고 자기 마음대로 하는 신앙인지 하나님이 다스리는 통치의 신앙인지 점검해 보셔야 합니다.

하나님의 통치는 새 언약으로 보는 성경에서 자기의 죄를 볼 때 시작되는 것입니다. 신앙은 죄와의 싸움입니다. 신앙은 사탄의 미혹과의 싸움입니다. 이 싸움을 승리하게 하는 것은 예수의 보혈과 예수의 이름입니다.

성령은 간절하게 믿음으로 찾고 부르고 기도하는 자에게 내주해 주시는 것입니다. 자기 본성의 주관으로 하나님을 믿고 복을 찾는 것이 아닙니다. 교회에 오면 성령이 자연스럽게 내주하시고 죄를 사해 주고 구원에 이르게 해 주는 것이 아닙니다. 그리스도의 채움과 그리스도로 채움이 있어야 올바른 신앙인으로 성장하는 것입니다. 그것은 노력이 아니라 행위가 아니라 하나님이 나를 사랑하시는 것을, 새 언약으로 보는 성경으로 하나님의 무한한 은혜를 알 때 하나님께 감사와 영광을 드리고 그렇게 죄를 이기고 나를 부인하고 자기 십자가를 지며 살아 내겠다는 기도여야 되는 것입니다.

이스라엘의 구약사에서 배울 것은 자기 신념의 신앙으로 아무리 울고 부르짖어도 하나님은 응답하지 않으신다는 것입니다.

구약에는 왕조의 흥망성쇠와 삶의 희로애락과 간절함들이 기록되어 있습니다. 구약은 신약의 모형으로서 하나님의 예언과 기적이 어떻게 이루어지고 하나님이 어떻게 역사를 주관하고 있는가를 적은 것입니다. 모세오경, 역사서, 문학서, 선지서 등 다양하게 기록되어 있지만, 하나님께서 구약을 기록하게 하신 목적은 신앙은 있지만 신앙의 모양만 있을 경우에는 하나님은 응답하지 않으시고 준엄하게 심판하신다는 것입니다. 율법은 신앙의 모양입니다.

새 언약으로 우리를 구원하시는 하나님의 사랑과 은혜를 알고 하나님을 부르는 기도로 성령과 동행하는 신앙인이 하나님이 기뻐하시는 영성의 신앙입니다.

구약의 멸망사에서 이스라엘의 재건을 위해 모두 모여서 나라를 구하고자 기도했지만 결국 이스라엘은 역사 속에서 국가가 사라지고 이천여 년이라는 긴 시간을 나라가 없는 민족이 되어 전 세계를 디아스포라로 떠돌아다녀야 했습니다.

스데반이 순교하며 설교한 이스라엘의 민족사는 굵지만 간결하게 아브라함부터 그리스도에 이르는 그들의 신앙적 실패를 사도행전에 남기게 됩니다. 사도행전 7장에 있는 스데반의 이스라엘 역사를 그대로 옮겨서 묵상해 봐야 하겠습니다.

스데반의 설교로 보는 이스라엘의 역사: 부르심과 불순종

구약의 역사를 일목요연하게 정리하여 스데반이 설교합니다.

이스라엘의 역사는 율법으로는 사람이 지킬 수 없다는 것을 하나님이 보여 주신 기록입니다. 수많은 선지자를 보내고 일부 하나님을 신뢰하고 믿는 믿음의 사람들이 있었지만, 그것은 하나님이 세우셔서 모범의 신앙을 보여 주고 따라가길 바라는 애달픈 마음이었습니다.

이스라엘의 역사는 단지 120년의 통일 왕국만이 있었을 뿐입니다. 자랑스럽지도 내세울 것도 없는 하나님의 불순종으로 이천 년을 나라 없는 백성으로 살았습니다. 사람은 스스로 고쳐서 죄의 본성에서 돌아설 수 없음을 후대도 알고 있으라고 적어 내신 하나님의 역사이기도 합니다.

그래서 하나님은 결국은 하나님의 영을 우리 마음에 두는 새 언약으로 하나님이 우리에게 들어오시는 언약과 실행을 하시게 되는 것입니다. 새 언약의 중보자로 예수를 보내어 그리스도의 할례로 우리가 마음을 찢는 할례를 받으면 사람들이 변화되어 죄와 싸우고 성령께 매일 기도하며 성령의 삶을 살아 낼 것을 기대한 것입니다.

그러나 사람들은 자기중심적인 사고를 버리지 않고 있습니다. 교회만 오면 죄가 없어지고 구원이 견인되고 천국에 들어간다는 하나님의 새 언약 줄기의 말씀을 벗어나는 신학과 교리로 죄를 양산하는, 죄에 지는 신앙이 되고 사탄은 이 세상의 번영과 물질을 도구로 마음껏 유린하고 있는 자화상을 보게 됩니다.

결국 우리가 변화되어야 하는 것입니다. 구약에서 배울 것은 사람은 스스로 변화되지 않는다는 것입니다.

이제 스데반이 이스라엘 민족사를 설교하는 전체를 보면서 구약에서 바라보는 율법적인 시선을 새 언약으로 십자가를 지시는 마음의 하나님을 보고 마음을 찢고 회개하면서 죄로부터 돌아서야 할 것입니다.

- 사도행전 7:2-60

『그림이 그려지는 복된 말씀(구어체성경)』(최창섭, 바른말)

스데반이 말했다. "형제들과 어르신 여러분, 제 말을 들어보십시오. 영광의 하나님께서 우리 조상 아브라함에게 나타나신 건, 아브라함이 하란으로 옮겨가기 전인 메소포타미아에 살고 있을 때입니다."

7:3-16. 창세기 아브라함의 부르심

하나님께서 그에게 말씀하시기를 '너는 네 고향과 네 친척을 떠나 내가 지시하는 땅으로 가라.'고 하셨습니다.

그래서 아브라함이 갈대아 땅을 떠나 하란으로 가서 살았습니다. 그리고 거기서 아버지가 죽은 후에, 하나님께서 그를 지금 이곳 여러분이 살고 있는 땅으로 옮겨주셨습니다.

그러나 하나님께서는 이 땅에서 그에게 발붙일 땅을 주시지 않았습니다. 그리고 우리가 귀담아들어야 할 말씀은, 아브라함에게는 자식이 없었는데도 불구하고, 이 땅을 그와 그의 후손에게 주시겠다고 약속하셨습니다.
그뿐만이 아니라 아브라함에게 이렇게 말씀하셨습니다. '네 후손이 외국 땅에서 나그네가 되어, 400년 (실제로는 430년 [출 12:40]) 동안 종살이하며 학대받을 것이다.
그러나 때가 되면, 내가 네 후손을 종으로 부린 나라를 심판하겠다. 그러면 네 후손이 거기를 떠나 지금 여기로 돌아와, 제사장 나라로서 나를 섬기게 될 것이다.'
그러시면서 그 언약의 표시로 할례법을 세우셨습니다. 그래서 아브라함이 이삭을 낳은 지 팔 일째 되는 날 그에게 할례를 행했고, 이삭도 자기 아들 야곱에게, 그리고 야곱은 자기의 열두 아들인 우리 조상들에게 할례를 행했습니다.
그런데 그 족장들이 그들의 동생 요셉을 시기해, 그를 이집트에 팔아넘겼습니다.
그러나 하나님께서 그와 함께하셔서, 요셉이 모든 환난을 극복할 수 있었습니다. 그리고 마침내 이집트 파라오의 총애를 받아 이집트의 총리가 되어, 이집트와 파라오의 온 집안을 다스리게 되었습니다.
그런데 그때 이집트와 가나안 온 땅에 흉년이 들어 큰 재난이 닥쳤고, 우리 조상들도 먹거리가 떨어졌습니다. 이때 이집트에 양식이 있다는 소문을 듣고, 야곱이 양식을 구하러 그의 아들들을 이집트로 보냈습니다.
그리고 그들이 두 번째로 양식을 사러 갔을 때, 요셉이 자기가 누구인지를 형제들에게 밝혔고, 파라오에게도 야곱 일가를 소개했습니다.
이어서 요셉이 사람을 보내, 그의 아버지 야곱과 친족까지 합해 일흔다섯

명이나 되는 사람을 이집트로 데려왔습니다. (창 46:27에는 70명이다. 그 차이는 창세기는 맛소라 사본을 번역했고, 스데반은 70인 역을 인용한 것으로 본다. 70인 역에는 이미 이집트에 살고 있었던 요셉의 다섯 손자를 포함했다)

그래서 야곱과 그의 아들 모두가 이집트에서 살다 죽었고, 그들의 유해는 훗날 세겜으로 옮겨져 그곳에 있는 묘지에 묻혔습니다.

그 묘지는 전에 아브라함이 세겜에 살던 하몰 자손에게 값을 치르고 사놓은 것입니다.

7:17-29. 출애굽기: 모세의 탄생과 도망

하나님께서 아브라함에게 약속하신 400년이 다 되어 갈 무렵에, 이스라엘 민족은 이집트에서 크게 불어났습니다.

그런데 요셉을 알지 못하는 사람이 이집트를 다스리게 되자, 그가 교활한 방법으로 우리 민족을 괴롭혔고, 마침내 (히브리) 갓난아기들을 내다 버리라는 명령을 내렸습니다.

모세가 태어난 것이 바로 이때였습니다. 그는 하나님의 마음에 드는 아주 잘생긴 아이였습니다. 석 달 동안은 그의 부모가 집에서 몰래 키웠지만 더는 숨겨서 키울 수 없게 되자, 아이를 갈대 상자에 담아 나일강에 띄웠는데, 파라오의 딸이 데려가 자기 아들로 삼아 길렀습니다.

이렇게 해서 모세는 이집트에서 최고의 교육을 받게 되었습니다.

모세의 나이가 마흔 살이 되는 해 어느 날, 그는 자기 동족인 이스라엘 사람들을 돌보아주고 싶은 마음이 들었습니다. 그러던 어느 날 자기 동족 한 사람이 이집트 사람에게 학대받는 걸 보고 이집트 사람을 쳐 죽였습니다.

모세는, 동족들이 자기 손을 통해 하나님께서 그들을 구원하시려고 한다는 사실을 깨닫고 있는 줄 알았는데 그렇지 않았습니다.
이튿날 모세가 이스라엘 사람끼리 싸우는 걸 보고, 그 두 사람을 화해시키려고 이렇게 말했습니다. '당신들은 형제들인데 왜 이렇게 싸웁니까?'
그러자 동료를 치려던 자가 모세를 떠밀면서 이렇게 말했습니다. '누가 당신을 우리의 지도자나 재판관으로 세웠소? 어제는 이집트 사람을 죽이더니 오늘은 나를 죽일 작정이오?' 하며 대들었습니다.
이 말을 듣고 모세가 미디안 땅으로 도망쳐, 거기서 나그네로 살면서 두 아들을 낳았습니다.

7:30-35. 출애굽기: 80세의 모세를 부르심

사십 년이 지난 어느 날, 모세가 시내산 근처 광야에 있을 때, 한 천사가 가시나무 덤불 불길 속에 나타났습니다.
모세가 이 광경을 보고 기이하게 여겨, 자세히 보려고 가까이 다가갈 때 주님의 음성이 들렸습니다.
'나는 네 조상의 하나님, 곧 아브라함과 이삭과 야곱의 하나님이다.' 이 소리를 듣고 모세는 두려워서 감히 바라보지 못했습니다.
그러자 주님께서 다시 말씀하셨습니다. '네가 서 있는 곳은 거룩한 땅이다. 그러니 네 신을 벗어라. [출 3:5-10]
내가 내 백성이 이집트에서 학대받으며 신음하는 소리를 분명히 보고 들었다. 그래서 그들을 구하려고 내려왔다. 자, 가라. 내가 너를 이집트로 보낸다.'
이 사람 모세로 말하자면, 전에 이스라엘 사람들이 '누가 당신을 우리의 지도자나 재판관으로 세웠소?'라고 하며 배척당한 사람입니다. 그런데 하나님께서 이런 모세를 다시 이집트로 보내신 겁니다. 천사의 손길을 통해 모세를 이스라엘의 지도자와 구원자 (해방자, 구속자)로 세우시려는 것이었습니다.

7:36-44. 출애굽기: 광야 생활과 불순종

이 사람 모세가, 이집트 땅에서는 물론 홍해를 건널 때와 광야 생활 사십 년 동안 놀라운 기적을 행하며, 이스라엘 백성을 이집트에서 구해냈습니다.(문맥상 37절과 38절 순서를 바꿈)

(37절을 옮겨옴) 모세가 일찍이 이런 말을 했습니다. '하나님께서 나를 여러분에게 보낸 것처럼, 여러분의 형제 가운데서 여러분을 위해 나와 같은 예언자 한 사람을 세우실 겁니다.'([신 18:15] 나와 같은 예언자는 일차적으로는 여호수아, 예언적으로는 예수 그리스도)

그러나 우리 조상들이 그의 말을 듣지 않았습니다. 그뿐만이 아니라 오히려 이집트로 되돌아 가고 싶다고 하며 아론에게 이렇게 말했습니다.

'우리를 이집트에서 구해낸 모세는 어떻게 되었는지 모르니, 우리를 인도할 신을 만들어주시오.'

그러고는 송아지 우상을 만들어 그 우상 앞에 희생제물을 바치며 즐거워했습니다.

이 때문에 하나님께서 그들을 외면하시고, 그들이 하늘의 별들을 섬기게 방치하셨습니다. 이것은 예언자들이 책에 기록한 바와 같습니다. '이스라엘 백성아, 너희가 사십 년 동안 광야에 있을 때, 나에게 짐승 제물이나 곡식 제물을 바친 적이 있느냐?

너희가 몰렉신 (사람을 제물로 바쳤던 아모리족의 신)의 장막과 레판의 별(이집트, 앗수르, 베니게인들이 숭배했던 별 토성)을 떠메고 다녔다. 그것들이 너희가 섬기던 우상이 아니었느냐? 그러므로 내가 너희를 저 멀리 바벨론에 포로로 끌려가게 하겠다.'[신 17:3, 암 5:25-27]

우리 조상들이 광야에 있을 때, 그들은 증거의 장막을 지니고 다녔습니다.

이 장막은 하나님께서 보여주신 모형대로 모세가 만든 것입니다.

7:45-53. 출애굽기: 불순종한 이스라엘의 민족사

그리고, 여호수아의 지휘 아래 이방인들과 싸워 그들을 몰아내고 차지한 땅으로 이 장막을 가지고 들어가, 다윗의 시대까지 물려주었습니다.

다윗은 하나님의 은총을 입은 사람으로서, 야곱의 후손을 위해 성전을 짓게 해달라고 간구했지만, 막상 성전을 지은 사람은 다윗이 아니라 솔로몬이었습니다.

그러나 하나님께서는 인간의 손으로 지은 성전에만 계시는 분이 아니십니다. 하나님께서 예언자를 통해 이렇게 말씀하십니다.

'하늘이 내 보좌요 땅이 내 발판인데, 너희가 나를 위해 무슨 집을 짓겠다는 것이냐? 내가 쉴만한 곳이 어디에 있겠느냐?

이 모든 것이 다 내 손으로 만든 것이 아니냐?'[시 102:25, 사 66:1, 2]

목이 곧고 마음과 귀에 할례받지 못한 사람들이여, 여러분이 지금 여러분의 조상들처럼 성령을 거역하고 있습니다.

여러분의 조상이 박해하지 않은 예언자가 한 사람이라도 있었습니까? 여러분의 조상들은, 의로운 분이 오실 것이라고 예언하는 사람들을 죽였습니다.

그런데 지금 여러분이 이 땅에 오신 의인(예수님)을 배반하고 죽였습니다.

따라서 여러분은 천사가 전해준 율법을 받기만 하고 지키지 않는 사람들입니다.

7:54-60. 출애굽기: 스데반의 순교와 사울

이 말을 들은 공의회 회원들이 격분해 이를 갈았다.

이때 성령이 충만한 스데반이 하늘을 우러러 하나님의 영광과 하나님 오른편에 서 계시는 예수님을 보았다.

스데반이 소리쳤다. "보십시오, 하늘이 열리고 그리스도이신 예수님께서 하나님 우편에 서 계시는 게 보입니다."

그러자 사람들이 욕설을 퍼부으며 일제히 스데반에게 달려들어 그를 붙잡아 성 밖으로 끌어내 돌로 쳤다.

그때 사형 집행인들이 그들의 겉옷을 벗어 사울이라는 청년에게 맡겼다.

돌을 맞으며 스데반이 "주 예수님, 제 영혼을 받아주십시오."라고 기도했다.

그런 다음 다시 무릎 꿇고 큰 소리로 "주님, 이 죄를 저 사람들에게 돌리지 마십시오." 하고 부르짖으며 숨을 거두었다. 사울도 스데반이 죽는 것을 당연한 일로 생각했다.

6. 하나님의 십자가 마음을 알기 위한 구약 율법

하나님은 성도가 하나님의 사람이 되고 하나님의 나라인 교회가 되라고 그리스도의 십자가로 신약의 문을 여신 것입니다.

우리의 죄 된 육신을 자신의 공의로운 피로 간과하시고 이제 하나님을 마음에 담고 하나님께 기도하고 경건한 삶과 성령의 열매를 맺는 새 언약의 일꾼이 되면 아브라함에게 약속했던 복을 그대로 주시겠다고 말씀하시는 기록이 성경입니다.

모세의 율법인 십계명을 우리는 모세 율법, 첫 언약이라고 부릅니다.

사람들이 자신의 의지와 결심으로 하나님을 섬기고 사랑하며 하나님의 규례와 율례를 지키지 못한다는 것을 사람들이 깨닫게 하시는 것입니다. 사람은 죄성이 있는 존재이므로 하나님이 그 안에 거하시어 변화시킬 수가 없습니다. 죄가 있는 육신의 마음에는 하나님이 임재하실 수 없으므로 성령의 가르침을 받을 수 없습니다. 그래서 구약의 율법은 하나님이 택하신 선지자들이 하나님의 명령에 순종하면 복을 주겠다고 이스라엘 민족에게 말씀을 전하면서 명령의 준행을 요구하신 것입니다.

사람의 죄성은 선함을 지키려는 마음보다 우위에 있습니다. 육신의 생명 유지는 먹을 양식으로 합니다. 배고픔을 참을 수 있는 사람은 없습니다. 선한 마음의 동기가 결국 자기를 우쭐하게 만들고 교만을 키워 자기의 의를 내세우게 됩니다. 육신의 소망은 하나님이 자기의 것을 자기 마음먹은 대로 성취하여 주는 우상으로 만들게 합니다. 그래서 결국 이스라엘 민족은 다른 신을 섬기고 형식적인 종교 속에서 자기 마음대로 살아가고 말았습니다. 이스라엘은 그 역사를 통해 율법으로는 하나님의 법을 지킬 수 없는 사람의 본질을 보여 주며 교훈을 주고 있습니다.

영의 생명은 살아서 마음을 움직이는 말씀입니다.

하나님은 모세 및 선지자를 통하여 두 번째 언약을 약속합니다. 그 두 번째 언약은 결국 하나님이 하나님의 지혜로 죄를 보지 않고 사람의 마음에 들어와 하나님의 법을 마음에 두고 생각에 각인시켜 하나님임을 알게 해 주신다는 것입니다. 그러려면 하나님이 스스로 피의 제사가 되셔야 했습니다.

여기서 우리는 하나님의 깊은 고뇌와 고민과 갈등과 아픔을 보아야 합니다. 전지전능하신 하나님도 결국 당신이 지으신 피조물인 사람으로 인해 고뇌하셨습니다.

그래서 구약에 모든 말씀은 당근과 채찍입니다. “잘 좀 해 보자, 잘 좀 해 보자” 하나님의 말씀이 들려야 합니다.

그래서 다윗을 그 신앙의 예로 들어 사용하신 것입니다. “너희들로도 할 수 있다. 다윗처럼만 해 다오.” 무엇이든 하나님께 물어보고, 하나님을 가장 사랑하고, 하나님께 고난의 마음을 글로 올려 드리며 기다리는 다윗을 보라는 것입니다.

그러나 사람은 결국 자기 멋대로 생각합니다. 결국 이스라엘은 하나님의 징계를 받고, 하나님은 그 오랜 시간의 고뇌에 찬 결단을 실행하십니다. 그리하여 이제 하나님은 사람이 율법으로는 십계명을 준행하는 것이 불가능하다는 것과 세상의 욕망을 따라 살아가려는 죄 된 본성의 사슬이 너무 깊다는 것을 우리에게 알려 주시는 것입니다. 그러한 문제의 해결을 통한 구원의 길은 오직 완전하신 분은 하나님 한 분이기 때문에 스스로 인간의 몸으로 오셔서 죄로 인한 피의 제사를 드리는 것입니다.

하나님의 뜻을 따라 하나님의 뜻에 순종하기 위해, 두 번째 언약을 실행하고 우리의 마음에 할례를 주어 새 언약의 거듭난 일꾼으로, 우리를 하나님의 나라 백성으로 정하시기 위해 그리스도가 오시는 것입니다. 그래서 구약인 율법의 시대는 가고, 신약인 성령의 시대가 오는 것입니다.

신약은 하나님 아버지의 뜻에 따라 아브라함의 계보로 오시는 예수 그리스도인 하나님 자신이 육신의 몸으로 오셔서 십자가를 통하여 죽으시고 우리 안의 죄를 보지 않으시며 마음에 할례를 행하여 주시는 것입니다. 예수 그리스도의 이름으로 보내는 진리의 성령을 우리와 동행하도록 마음에 두시겠다는 것입니다. 진리의 성령으로 내 안에 거하시며 우리를 성전 삼으시겠다는 것입니다.

우리를 하나님의 성령이 있는 교회로 삼으시겠다는 것입니다. 결국 역사는 하나님이 주관하신다는 것을 보여 주고 증명하며 알게 하시기 위해, 그리스도의 계보도 정해 주시고, 아브라함을 세워 믿음의 조상으로 만드시는 것입니다. 그것은 우리들이 믿음을 가질 때 그 가정이 교회가 되고 교회가 연합된 공동체로 믿음의 조상이 되게 하려는 것입니다.

하나님 아버지는 예수 그리스도 이름으로 우리에게 성령을 보내 주시기 위해 긴 역사의 기록으로, 사람의 죄성, 율법을 지킬 수 없는 인간의 결심, 선함보다는 자기를 사랑하는 인간의 한계를 말씀하시면서, 결국 하나님이 아니면 사람의 마음을 하나님께 집중할 수 없다는 것을 알게 하시게 한 것입니다.

하나님께 마음을 집중한 사람은 언제나 기도하며 죄와 싸워 이깁니다. 하나님과 동행합니다. 하나님을 사랑합니다. 예수 그리스도의 빛을 비추는 삶을 살아갑니다.

우리는 하나님이 살아 계시다는 사실을 성경을 통해 알아야 합니다. 하나님 아버지는 천지를 창조하시고 노아의 홍수로 세상을 심판하시며, 다시 사람에게 하나님의 마음을 주시기 위해 아브라함을 믿음의 조상으로 세우시고, 이스라엘 민족을 통해 율법은 사람이 지킬 수 없는 죄와 사망의 법이라는 것을 알세 하신 것입니다.

예수 그리스도로 인해 우리의 죄를 보지 않으시고, 그리스도로 인해 마음에 할례를 받게 하시며, 그 마음에 하나님의 성령이 임하시어 우리의 생각과 마음에 그리스도의 법을 세워 주십니다.

또 우리를 하나님의 성전으로 삼으시어 하나님의 음성을 듣게 하시고 하나님의 자녀로 이 세상에 소금이 되게 하시며, 그리스도의 빛을 비추다가 하나님이 마련하신 천국 거처로 영생을 누리게 하십니다.

하나님의 역사하심을 알리기 위해, 변하지 않는 사람의 죄성을 알게 하시려고, 무려 이천여 년이라는 세월과 역사 속에서 수많은 선지자를 통해 이 사실들을 기록하게 하셨습니다.

이 시대나 전 시대에 우리는 수많은 잘못된 믿음을 보게 됩니다. 사람의 죄성을 움직이는 사탄이 이 땅에서 죄의 왕으로 군림하고 있기 때문입니다. 죄가 생각날 때는, 죄를 부추기는 세력과 권세가 있다는 것을 알아야 합니다. 그 죄의 권세를 이길 수 있는 길은 예수 그리스도의 이름으로 보내 주신 성령이 내 마음에 임해 생명이 되어야 합니다. 그 생명이 예수 그리스도의 피와 살이며 진리를 알게 하시는 살아 계신 성령 하나님입니다.

그리고 우리의 삶이 끝나는 날이 오게 됩니다. 세상의 끝이 되는 날도 오게 될 것입니다. 하나님은 우리의 삶의 끝나게 되면 심판이 있다고 말씀하십니다. 그리고 세상의 끝이 오기 전에 예수 그리스도의 재림과 천년왕국의 다스림을 말씀합니다.

그러나 우리의 삶이 끝나서 받는 심판이 천국으로의 구원이 아니라면 하나님의 재림도 천년왕국도 나와는 상관이 없는 지옥의 고통만이 있는 일이 벌어지게 됩니다.

하나님이 다스리는 영생의 세계가 있다고 믿는 신앙이 우리 기독교의 신앙입니다. 그러나 구원의 문은 예수님이 직접 좁은 문이라고 말씀하셨습니다. 예수 그리스도만을 통해 들어가는 양의 문이라고 말씀하셨습니다. 예수님은 스스로를 생명의 떡이라고 하시면서 나의 피를 마시고 살을 먹는 자라고 말씀하고 있습니다. 하나님을 가장 사랑하는 자여야 한다고 말씀합니다. 성령의 받고 열매를 맺으며 경건의 훈련을 하고 쉬지 말고 기도하는 자라고 하셨습니다.

요한계시록 22장 2절에서는 “보라 내가 속히 오리니 내가 줄 상이 내게 있어 각 사람에게 그가 행한 대로 갚아 주리라”라고 말씀합니다.

교회를 다닌다고 모두 구원받는 것이 아닌 것을 알아야 합니다. 예수 그리스도의 십자가에서 마음의 할례로 죄와 싸워 이기는 자가 구원을 견인받게 되는 것입니다. 죄를 간과해 주시는 것입니다.

종말을 사는 믿음은 나의 죄로 하나님이 징계를 받으시고 십자가에서 죽으셔야 할 만큼 커다란 본성의 뿌리 깊은 죄인 것을 알고 매일 기도와 회개와 기쁨과 감사와 사랑을 드리는 신앙의 기도를 하는 자여야 합니다.

예수 이름의 승리를 알게 하시고 예수 피의 보혈을 모든 인류에게 은혜로 전하신 하나님의 깊은 사랑 안에서 하나님의 나라 백성으로 사탄의 권세를 이기는 새 언약의 일꾼 된 신앙으로 나아갈 때 변하지 않는 구원을 이루어 내게 될 것입니다.

성경의 기록 목적

성경을 기록하게 하신 하나님의 목적은 무엇입니까?

하나님은 아담으로부터 사탄에 미혹되어 부패한 마음이 된 사람을 예수의 피로 씻으셔서 거듭나게 하기로 결정하시고 계획하신 것입니다. 하나님은 이 계획을 십자가의 마음인 새 언약이라고 선언하셨습니다. 새 언약은 사람의 죄로부터 구원하기 위해 하나님이 직접 십자가를 지셔야 하겠다는 마음입니다. 그래서 하나님의 영을 우리 마음에 두시겠다는 하나님의 영은 성부 하나님의 십자가의 마음이며 성자 하나님의 십자가인 것입니다. 이것이 하나님의 구원 계획이며 기록 목적입니다.

우리 마음에 심어지는 하나님의 영은 십자가로 보내는 성부와 이에 순종하는 성자의 마음입니다. 그 마음을 우리 마음에 심어 주시는 것입니다. 예수를 십자가에 달리게 하고 우리에게 마음의 할례를 행하여 주시는 것입니다.

십자가에 달리시는 그 마음과 고난의 살과 피가 나의 마음을 찢어 내며 새겨지는 마음의 할례가 있어야 합니다. 하나님의 고난이 우리의 부패한 마음의 죄 때문임을 알고 하나님에 대한 절대 사랑과 은혜가 우리 마음을 채워야 합니다. 사람의 마음이 얼마나 부패되었으면 하나님이 직접 마음에 할례를 주기 위하여 십자가를 지셨는지 깊이 묵상해야 합니다. 예수의 십자가를 마음에 새긴 자가 예수 이름을 얻을 수 있습니다.

성경은 하나님이 부패한 마음인 우리에게 예수의 마음을 주시기 위하여 자기를 죽이신 역사입니다. 이 세상보다 하늘나라에 소망을 둔 믿음의 자녀를 만들기 위해 어떻게 하셨는지 기록한 실제적인 역사의 기록이 성경입니다.

성경의 줄기를 이루는 대주제는 하나님에 대한 마음을 잃어버린 아담으로부터 여자의 후손을 세워 구원해 주시겠다는 것입니다. 이렇게 기록된 하나님의 말씀을 믿는 자에게 그리스도의 법을 마음과 생각에 기록하여 예수의 이름을 갖고 예수의 마음으로 살게 해 주시겠다는 것입니다. 하나님의 음성이 들려오게 해 주시겠다는 것입니다. 항상 임마누엘의 삶을 살라는 것입니다.

예수 이름을 가진 자가 그리스도의 계명을 지키는 자고, 그런 삶을 사는 사람들이 구원받아 영생의 삶을 살게 되는 것입니다.

구원은 예수 이름으로 살아가는 사람들이 이 땅에서 예수님이 주시는 마음으로 평강을 누리면서 주님의 일을 하고 하늘나라의 처소로 가는 것입니다.

영적 전쟁은 예수 이름으로, 예수 마음으로 살지 못하게 하는 사탄의 미혹, 육체의 정욕, 안목의 정욕, 이생의 자랑으로 살라고 하는 사탄과 예수 그리스도가 주시는 그리스도의 법으로 살라는 영의 충돌이 영적 전쟁입니다. 그래서 영생은 예수 그리스도가 주시는 마음으로 예수 이름으로 이 삶을 승리한 자에게 하나님이 마련해 주신 천국의 거처로 옮겨 사는 것입니다.

그러면 어떻게 예수의 이름을 갖게 되어서 구원을 받아 영생의 삶을 살게 되는가? 그것은 하나님이 주시는 새 언약의 믿음으로 받는 것입니다. 그 새 언약으로 만들어 가는 믿음의 기록을 써 가신 것이 성경입니다.

하나님은 살아 계십니다. 하나님은 지금도 우리를 주시하시고 역사를 주관하고 계십니다. 성경은 하나님의 살아 계심을 증거합니다. 하나님은 구하는 자에게 인도하심과 내주하심을 기대하십니다. 성경은 전지전능하신 하나님이 인간에게 보내는 눈물과 아픔으로 자신을 죽이시는 사랑의 대서사시이며 영생을 향한 하나님의 고뇌의 선물입니다.

사람은 선하지 않습니다. 선한 이는 하나님 한 분뿐입니다.(막 10:18, 눅 18:19) 우리는 모두 부정한 자이어서 의롭다고 행한 것까지도 더러운 옷과 같습니다. 우리는 모두 시든 나뭇잎같이 심판의 폭풍이 우리를 휘몰아 갑니다.(사 64:6) 우리가 선하지 않다는 것은 스스로는 선해질 수가 없다는 것입니다. 우리의 삶은 죄악이 바람같이 몰아가는 삶이라는 것입니다. 죄가 우리의 삶을 둘러싸고 있다고 하나님은 말씀합니다. 이것에 동의하고 성경을 알아야 하나님의 마음에서 우리의 죄를 볼 수 있습니다.

하나님이 내 안에 내주하실 때, 비로소 우리는 하나님이 주시는 마음으로 선한 삶을 살아갈 수 있습니다. 성경은 하나님이 우리에게 들어와 주시기 위한 대서사시이고 역사이며, 살아 계신 하나님의 진리로 오늘을 살아 내게 하시고 구원해 주시는 인도자입니다.

믿음의 시작을 만드시는 하나님, 아브라함을 부르심

성경의 큰 줄기는 하나님이 스스로 우리에게 맹세하신 언약입니다.

아담과 하와를 타락시킨 옛 뱀인 사탄에게 여자의 후손과 원수가 되게 하시겠다는 언약, 이것을 원시 언약이라고 하며 아담 언약이라고도 합니다. 그래서 하나님은 다말, 라합, 룻, 우리야의 아내, 마리아를 여자의 후손으로 세우셨습니다.

하나님만을 바라보는 여자들, 사람의 인식과 체통과 가문으로서는 세울 수 없는 여인들을 하나님의 계보에 아브라함과의 언약을 이루시기 위하여 하나님의 주관으로 올려 주시는 것입니다.

그 생명의 시작은 갈대아 우르에 살던 아브라함을 부르심으로부터 시작합니다. 믿음의 조상은 하나님이 세우신 평범한 한 사람 바로 아브라함입니다. 너무 평범해서 하나님을 만나도 하나님의 뜻을 알지 못하고 가나안에 이르렀어도 애굽으로 가뭄을 피해 떠나가며 아내 사라를 누이라며 바로 왕에게 넘겨 목숨을 부지하려고 했던 사람. 하나님은 그를 통해 순종하는 믿음을 세워 나가시고 그에게 말씀하시며 이루시는 하나님인 것을 알게 하십니다. 그리고 하나님과 동행하는 믿음을 배우게 된 아브라함을 믿음의 조상으로 세우시게 됩니다.

그리고 하나님은 이삭과 야곱을 하나님이 뜻하시는 바를 믿음으로 이루는 족보로 만들어 주십니다. 그 믿음은 아담에게 약속한 언약을 이루어 가시기 위하여 하나님이 새 언약으로 가는 과정에서 만들어 가시는 하나님의 살아 계신 역사를 만들어 가신 하나님을 증거하는 언약인 것입니다.

그러나 하나님은 아담과 하와, 가인과 아벨, 바벨탑 사건과 노아의 홍수를 통해 자유 의지를 준 사람이 선함보다 악함에 친숙해짐으로써, 먼저 율법을 공표해 사람들이 얼마나 육체에 약한 것인가를 보여 줄 필요가 있었습니다.

아브라함을 부르셔서 믿음의 조상으로 세워 주시겠다는 언약, "너는 복의 근원이 될 것이며, 땅에 사는 모든 민족이 너로 말미암아 복을 받을 것이다."(창 12:3) "내가 내 언약을 나와 너 및 네 대대 후손 사이에 세워서 영원한 언약을 삼고, 너와 네 후손의 하나님이 되리라."(창 17:7) "너희 중 남자는 다 할례를 받으라, 이것이 나와 너희와 너희 후손 사이에 지킬 내 언약이니라."(창 17:10) 이것을 할례 언약, 영원한 언약이라고 합니다.

그래서 하나님은 모세를 통해 십계명을 공표하고 율법을 잘 지키면 복을 주시겠다고 하신 것입니다. 그러나 이스라엘 민족은 율법을 잘 지키는 것에 실패하였습니다. 이스라엘에서 하나님께 합한 인물은 다윗 한 명뿐입니다. 이스라엘 민족은 천사들이 전해 준 율법을 받기만 하고 지키지는 않았습니다.

그것의 역사적인 기록이 구약입니다. 율법을 지키지 않은 건 이스라엘 사람뿐만 아니라 우리의 모습이기도 합니다. 우리는 율법적인 삶을 살아가는 사회적 존재입니다.

율법은 사망의 법입니다. 하나님은 그것을 이스라엘 민족을 통해 보여 주셨습니다. 스데반은 그들의 역사가 하나님을 섬기지 못했다는 것을 이스라엘 민족에게 설교하다 순교했습니다. 사람의 죄의 한계성은 사람이 풀어낼 수 없기에 하나님이 예수 그리스도를 보내셔서 구원을 해결해 주신 것입니다.

그러나 사람은 여전히 하나님이 구원을 해결해 주셨으니 우리는 은혜만 받으면 된다는 마음으로 율법의 신앙을 하고 있습니다. 사람이 갖고 있는 문제 해결의 시작은 나 때문에 십자가에서 피를 흘리시는 예수 이름이 우리의 마음과 생각에 각인되어야 합니다.

예수 그리스도의 피 흘리심이 나의 문제를 해결해 주시기 위한 하나님 아버지의 아픔이고, 예수 그리스도의 고난임을 일인칭 관점에서 봐야 합니다.

나의 죄가 하나님으로부터 조명되고 마음의 할례가 행해져야 합니다. 나의 죄에 대한 조명 없이 마음의 할례는 오지 않습니다.

이 세상이 좋을 뿐 영생의 구원은 관심의 대상이 아닙니다. 그렇다고 해서 우리는 예수 그리스도의 죽음과 부활이 헛된 것입니까? 결코 그럴 수 없습니다.

우리가 다시 하나님에 대해 눈을 떠야 합니다. 하나님은 그것을 기록으로 남기셨습니다. 그것이 성경입니다. 성경을 통해 하나님의 존재를 봐야 합니다. 성경을 통해 지금도 일하시는 하나님을 알아야 합니다. 성경은 새 언약을 증거하고 있습니다. 하나님은 새 언약으로 세상을 다스리고 계십니다.

성경을 통해 하나님이 우리를 보고 가슴 아파하시며 지켜보고 계신다는 사실을 느껴야 합니다. 우리의 현생의 삶 위에 영생의 삶이 있다는 것을 영의 눈으로 봐야 합니다.

십계명의 첫 언약과 모압에서의 두 번째 언약

여기서 우리는 성경에서 말씀하시는 첫 번째 언약과 두 번째 언약을 자세히 알아야 합니다. 하나님이 모세에게 신명기 5장에서 호렙에서 이스라엘 자손과 먼저 세우신 십계명의 율법을 첫 언약이라고 합니다. 이 계명을 잘 지키면 복을 주시겠다고 약속하셨기 때문입니다. 만약 이스라엘 민족이 율법을 지켜 내지 못하면 징계를 주시겠다고 선언하셨습니다.

그리고 하나님이 다시 모세에게 명하여 신명기 29장 1절에서 모압에서 세우신 언약을 두 번째 언약이라고 합니다. 하나님은 신명기 30장 6절에서 네 마음과 네 자손의 마음에 할례를 베푸시겠다고 새 언약의 말씀을 또한 모세를 통해 선포하고 계십니다. 그래서 모세가 호렙에서 세운 율법의 "십계명을 첫 언약", 모압의 언약을 "두 번째 언약"이라고 표현하는 것입니다.

모세가 선포한 모압 땅에서의 두 번째 언약인 마음에 할례를 주시겠다는 언약은 이스라엘의 멸망을 경고한 예레미야를 통하여 새 언약의 십자가 마음으로 드러나게 되는 것이며 이 언약의 말씀을 실행하기 위하여 이사야를 통해 메시아의 도래를 예표하게 하십니다.

그리고 드디어 우리의 마음에 할례를 행해 주시는 그리스도의 십자가 고난인 예수님의 육체에 가해지는 살과 피의 뿌려짐이 그리스도의 할례가 되는 것입니다. 그리스도의 할례를 나의 마음과 생각에 기록하여 내 죄로 인한 자각과 회개와 애통함이 오는 것이 마음의 할례입니다.

말씀이 머리에 있으면 지식입니다. 문자로 된 법조문을 머리에 두고 지키는 것이 율법입니다. 율법은 문자로 된 명령을 머리에 든 의식과 지식으로 지키는 것입니다. 내가 지키는 것입니다. 사람들이 지켜야 하는 규범이고 계명이고 율례입니다.

모든 종교는 율법을 말하고 그 율법을 지키라고 합니다. 모든 나라의 법과 사회 규범도 법으로 정하고 지키라고 요구합니다. 하나님이 모세에게 주신 십계명은 하나님이 말씀하시고 너희가 지키라는 것입니다. 사람들이 이해할 수 있고 사람들을 다스리는 가장 적합한 방법인 것입니다. 그것이 모세 율법, 십계명, 첫 언약입니다.

두 번째 언약과 새 언약

렘 31:31 나 여호와가 말하노라 보라 날이 이르리니 내가 이스라엘 집과 유다 집과 더불어 **새 언약**을 맺으리라

히 8:10 그 후에 내가 이스라엘과 맺을 **새 언약**은 (첫 언약처럼 돌판에 새겨 주는 게 아니라) 그들의 생각에 넣어주고 그들의 마음에 새겨 줄 것이다. 그래서 내가 그들의 하나님이 되고, 그들은 내 백성이 될 것이다.

하나님께서 새 언약이라고 말씀하심으로써, 첫 번째 언약을 낡은 것으로 만드셨습니다. 그리스도께서는 두 번째 언약을 세우시려고, 첫 번째 것을 폐하셨습니다.

히 10:9 보시옵소서 내가 하나님의 뜻을 행하러 왔나이다
히 10:10 이 뜻을 따라서 예수 그리스도의 몸을 단번에 드리심으로 우리가 거룩하게 되었습니다

히 12:2 믿음의 주요 또 온전케 하시는 예수를 바라보자

히 12:24 **새 언약**의 중보자이신 예수와 및 아벨의 피보다 더 나은 것을 말하는 뿌린 피니라

영들의 아버지께서는 우리를 당신의 거룩하심에 참여하게 하시려고, 우리에게 유익이 되도록 훈련하십니다. 모든 훈련은 그 당시에는 즐거움이 아니라 괴로움으로 생각되지만, 나중에는 이것으로 연단받은 사람들에게 의로움이 깃든 평화로운 열매를 맺게 합니다.(히 12:10, 11)

모세를 통해 이스라엘 민족과 세운 십계명의 율법과 규례,

신 5:2-3 주 우리의 하나님은 호렙산에서 우리와 언약을 세우셨다. 주께서 이 언약을 우리 조상과 세우신 것이 아니라, 오늘 여기 살아 있는 우리 모두와 세우신 것이라

신 29:4 그러나 깨닫는 마음과 보는 눈과 듣는 귀는 오늘날까지 여호와께서 너희에게 주시지 아니하셨느니라

보는 눈과 듣는 귀를 주시지 않은 것은, 하나님이 죄 있는 육신에 영으로 거할 수가 없기 때문입니다. 율법은 그래서 하나님이 명령하시고 준행하는지를 확인하셔야 하는 것입니다. 사람은 스스로 계명을 지킬 수 없다는 것이 확인된 이스라엘의 역사입니다.

조상과 세우지 않은 언약, 모세 율법인 십계명, 이것을 첫 언약이라고 합니다. 율법을 지킬 수 없다는 것을 아시는 하나님이 아브라함에게 말씀하신 믿음으로 구원받는 두 번째 언약인 새 언약을 선지자들을 통하여 예표합니다.

신 29:13 네 조상 아브라함과 이삭과 야곱에게 맹세하신 대로, 오늘 너를 세워 자기 백성을 삼으시고 그는 친히 네 하나님이 되시려 함이니라
신 29:14-15 내가 이 언약과 맹세를 너희에게만 세우는 것이 아니라 오늘 우리 하나님 여호와 앞에서 우리와 함께 여기 서 있는 자와 오늘 우리와 함께 여기 있지 아니한 자에게까지이니

오늘 이스라엘 민족과 함께 있지 아니한 자를, 하나님이 자기 백성으로 삼으시겠다는 언약,

신 10:16 너희는 마음의 할례를 받고 다시는 고집을 부리지 마라

신 30:6-7 너희 하나님 여호와께서 너희와 너희 자손들의 마음에 할례를 베풀어 순종하는 마음을 주시면, 너희가 마음과 뜻을 다해 하나님을 사랑하며 살게 되고, 그러면 모든 저주를 너희를 괴롭히는 원수들과 너희를 미워하는 자들에게 내리실 것이다

이것을 두 번째 언약이라고 합니다.

예수 그리스도를 보내시어 아브라함과 맺은 언약을 이루시고 진리의 성령을 보내시는 하나님 아버지,

렘 31:31-34 여호와의 말씀이다. "앞으로 내가 이스라엘과 유다 가문과 **새 언약**을 체결하겠다.
이 언약은 내가 그들의 조상을 이집트에서 인도해낼 때 맺은 언약과는 다르다. 그들은 내가 그들의 '남편, 주'였음에도 불구하고 나와 맺은 언약을 깨뜨렸다.
그러나 이제 내가 맺을 언약은, 돌 판이 아니라 각 사람의 마음에 새기겠다.
그래서 내가 그들의 하나님이 되고, 그들은 내 백성이 될 것이다.
내가 그들의 잘못을 용서해주면, 그들이 더는 이웃이나 형제들끼리 서로 '여호와를 알라.'라는 말을 하지 않게 된다. 작은 사람부터 큰 사람에 이르기까지, 모두 다 나를 알 것이기 때문이다. 이렇게 내가 그들의 허물을 용서하고, 그들의 죄를 기억하지 않겠다. 나 여호와의 말이다."

이것을 새 언약이라고 합니다.

우리가 진리의 지식을 얻은 뒤에, 일부러 죄를 지으면 그때에는 속죄 제사가 남아 있지 않습니다. 하나님의 아들을 짓밟고, 자기를 거룩하게 한 언약의 피를 대수롭지 않게 여기고, 은혜의 성령을 모욕한 사람은, 얼마나 더 무서운 벌을 받아야 하겠는가를 생각해 보십시오.(히 10:29)

말씀이 마음에 있으면 생명입니다.

그리스도의 성령이 우리 안에 들어오시어 지키게 해 주는 것입니다. 그리스도의 말씀이 생명이 되어 주님의 말씀을 듣고 지키는 것이 그리스도인입니다. 하나님이 말씀하시는 그리스도의 법인 언약은, 내가 너희 안에 들어가서 율법을 지키게 해 주시겠다는 것입니다. 내가 지키는 것이 아니라 하나님이 지키게 해 주신다는 것입니다. 말씀을 마음에 새겨 주시어 하나님의 생명으로 살아가게 해 주신다는 것입니다.

하나님의 새 언약의 말씀이 내 마음에 들어와 생명의 말씀이 되어 마음에 할례로 거듭남에 이르러야 합니다. 예수 그리스도가 말씀하시는 새 계명이 마음에서 들려와야 합니다.

그래서 그리스도를 교회의 머리라고 말씀하시고, “너희가 내 안에 내가 너희 안에”라고 말씀하시는 것입니다. 이러한 새 언약의 긴 여정 속에서 나타나는 하나님의 언약을 성경의 산맥으로 볼 수 있어야 합니다.

아담으로부터 시작된 구원의 긴 하나님의 역사의 주관 속에서 하나님은 십자가의 마음인 새 언약을 우리의 마음에 심기를 계획하시고 실행하셨습니다.

이러한 여정은 성부 하나님이 계획하시고 성자 하나님이 실행하시어 성취하시고 성령 하나님이 우리 각자에게 오시어 적용하시는 십자가의 마음을 우리 마음에 심어 준 새 언약이 되는 것입니다.

이는 우리 모두가 마음의 할례로 성령으로 거듭나서 구원에 이르기를 바라는 하나님의 사랑과 은혜 안에서만 올 수 있는 하나님이 직접 모든 것을 정하신 언약인 것입니다.

Ⅲ.
7단계의 구원 계획

하나님의 전적인
은혜와 사랑인
"그리스도의 채움(1-4단계)"

하나님의 사랑을 깨닫고
경건의 훈련으로
쉬지 말고 기도하며 살아가는
"그리스도로 채움(4-6단계)"

종말의 심판을 말씀하시는 계시록(7단계)

하나님이 이루어 가기 위한 구원은
이미 이루신 그리스도의 할례가
내 마음의 할례가 되어
예수의 피와 살로 채워 가는 기도의 신앙이 되어야 합니다.

1. 새 언약의 구원을 이루는 단계별 언약의 계획

7단계 언약의 계획

하나님은 성경을 통해 아담의 죄로 인해 하나님과 멀어진 사람의 마음에 하나님이 우리의 죄를 대신하는 새 언약의 십자가 계획을 하시게 됩니다.

믿음을 통한 마음에 할례로 그리스도의 법을 성취하여 구원하기 위한 7단계 언약의 말씀을 계획하셨습니다. 그 말씀은 우리를 예수 그리스도의 생명으로 낳아서 구원을 이루는 영생을 주기 위한 것입니다.

성경의 전체 줄기를 하나님이 십자가를 지시겠다는 하나님의 단계별 언약을 구분하면서 하나님의 영을 우리 마음에 두는 언약인 새 언약의 실행 과정을 살펴봐야 합니다.

창세기를 통한 새 언약의 계획과 구약의 율법의 신앙과 새 언약의 중보자로 오시어 우리에게 마음의 할례를 받아서 죄와 싸우는 그리스도인이 되어 그 행위대로 보응하실 것을 선포하는 계시록으로 믿기만 하면 구원받는다는 신앙을 재점검하고 이를 말씀으로 확인해야 합니다.

1단계, 천지 창조 이후에 아담의 범죄로 여자의 후손을 언약하셨다.(시초 언약/아담 언약)

2단계, BC 2100년경 아브라함에게 여러 민족의 아버지로 복을 주시

겠다고 언약하셨다.(영원한 언약)

3단계, BC 1300년경 모세에게 두 번째 언약을 선포하게 하셨다. BC 650년경 예레미야에게 하나님의 영을 마음에 두는 새 언약을 선포하게 하셨다.(BC730년경 이사야에게 처녀가 잉태하여 임마누엘을 보낼 것을 예언하게 하셨다.)

4단계, AD30년경 새 언약의 중보자로 예수 그리스도가 십자가의 고난을 받으셨다.(마음의 할례)

5단계, 오늘과 내일을 바라보는 신앙입니다.(그리스도의 법) "성령을 받으라."(성령의 열매)

6단계, 오늘과 영생을 바라보는 신앙입니다.(쉬지 않는 기도로 경건의 훈련 지속하기/그리스도의 일꾼이 되기)

7단계, 종말과 심판이 임하는 계시록입니다. "각 사람에게 그가 행한 대로 갚아 주리라."(종말과 심판)

"하나님은 사랑이십니다."(요일 4:8)

우리가 하나님을 정의하는 말입니다. 그런데 사람에게는 하나님께서 심어 주신 사랑이 없습니다. 이에 대해 하나님이 사람을 구원해 주기 위한 계획을 언약으로 성경을 통해 말씀합니다.

하나님이 아담에게 한 성경의 언약을 시작으로 이에 대해 알아보겠습니다.

아담이 하나님의 말씀에 순종하지 않고 사탄의 미혹된 말을 믿고 선악과를 먹었습니다. 그러나 하나님은 사탄을 심판하고 인류를 구원해 주기 위하여 여자의 후손을 약속합니다.

죄는 하나님의 말씀을 믿지 않고 세상 왕 노릇 하는 사탄의 말을 듣고 살아가는 것입니다. 세상에 퍼진 인류는 죄악에 물들어 하나님은 노아와 그의 가족을 제외하고 홍수로 심판하였습니다.

그러나 하나님은 아담에게 한 언약을 기억하시고 아브라함을 부르십니다. 아브라함으로부터 하나님에 대한 믿음을 만들어 가고 싶으셨습니다. 그래서 하나님은 아브라함의 믿음을 의로 여겨 주셨습니다.

모세에게 주신 율법은 십계명의 규례와 율례에 대하여 사람의 의지로 순종하는 것입니다. 하나님은 비록 아담이 하나님의 말씀에 순종하지 않았더라도 다시 한번 사람의 순종을 보고 싶어 하셨습니다. 그래서 모세를 통해 십계명의 율법을 주고 다윗에게 통일된 이스라엘을 다스리게 하였습니다. 하나님의 기적과 이적이 가득한 이스라엘 민족과의 동행이었습니다.

그러나 그들은 보이지 않는 하나님을 사랑하지 않았습니다. 아니 신뢰하지 않았습니다. 하나님은 이렇게 부패된 후대의 사람들에게 하나님의 살아 계심을 보여 주셔야 했습니다.

그래서 모세에게 두 번째 언약을 선포하게 하셨고, 예레미야에게 새 언약을 선포하게 하셨습니다. 사람에게는 보이지 않는 하나님에 대한 믿음이 없었습니다. 결국 이스라엘은 바벨론에게 멸망합니다.

이것은 사람에게는 죄의 본성으로 인하여 하나님을 사랑할 수 있는 마음이 없다는 것입니다. 하나님이 명령하는 율법만으로는 사람들에게 넣어 주는 사탄의 생각을 이겨 낼 수 없다는 것입니다. 결국 하나님은 자신이 죽고 우리가 사는 길을 선택해 주시는 것입니다.

자신이 죽으시고 성령을 보내어 사람의 마음과 생각에 그리스도의 법으로 함께 살아가게 하는 것입니다.

성경의 모든 말씀은 마음의 할례를 받고 간절하게 이 믿음을 간구하라는 것입니다. 그러면 진리의 성령으로 보내 주시어 임마누엘의 삶을 살게 된다는 것입니다. 예수 그리스도에 대한 간절함 없이는 성령이 주시는 믿음을 가질 수가 없습니다.

자신의 신앙이 율법적인 믿음인지 아닌지 자기 스스로 알아보는 방법은 간단합니다. 내가 거룩한 삶을 살아 내고 하나님의 말씀에 순종하려는 마음이 십자가에서 흘리는 예수 보혈의 피가 나의 죄로 인한 것이라는 회개로 인하여 마음에 할례를 받아 하나님의 사랑을 알고 하나님의 말씀을 쉬지 않는 기도를 하는 자는 하나님의 새 언약의 믿음 안에 있는 신앙입니다.

기도는 예수 그리스도의 성령으로 인하여 사탄이 주는 물질과 성공과 성취라는 욕망의 죄와 싸워야 하는 것입니다. 그런데 여기서도 사람의 죄악 된 본성과 사탄의 미혹이 교회를 삼키고 있습니다. 예배당 건물이 성전이 되고, 교회만 나가면 구원을 받기에 세상의 죄를 이길 생각도 사탄의 미혹도 모르고 있습니다. 이미 성령이 와 계시기에 하나님을 바라는 간절한 기도를 하지 않아도 되는 공짜 구원을 많은 목회자들이 선포하고 있습니다. 하나님이 기도에 응답해 주길 바라는 비법만이 넘치고 있습니다.

그러나 예수 그리스도의 마음이 심기지 않은 구원은 하나님의 구원 계획에 없음을 알아야 합니다. 우리는 하나님이 사랑과 은혜와 선물로 주신 언약을 붙잡고 기도해야 하는 것입니다.

그런 기도와 말씀의 사람으로 성장해 갈 때, 진리의 성령을 보내 주십니다. 그리스도의 일꾼으로서 예수 그리스도의 성령과 함께하는 성전이 되고 교회가 되는 삶을 살아가게 되는 것입니다.

그리고 계시록에서 선포한 하나님의 어린 양이 “보라 내가 속히 오리니 내가 줄 상이 내게 있어 각 사람에게 그가 행한 대로 갚아 주리라, 나는 알파와 오메가요 처음과 마지막이요 시작과 마침이라”(계 22:12-13) 하신 준엄한 주 예수 그리스도의 말씀을 철저하게 마음에 새겨 죄와 싸워 이기는 자가 믿음이 있는 자인 것입니다.

기도로 세상의 삶을 회개하며 고백하고 경건에 이르는 그리스도의 피의 사랑을 나누는 삶이 천국이 되고 하나님의 사람이 되어야 구원에 이르는 신앙인이 되는 것입니다.

구원을 이루는 언약의 7단계 일람표

이제부터 새 언약으로 가는 단계별 말씀을 성경의 본문으로 확인하며 알아 가 보겠습니다.

또한 성경 본문을 사용하여 하나님이 직접 예표하시고 말씀하시며 새 언약의 말씀을 준행해 가시는 창세기, 구약, 신약, 계시록의 중요한 말씀을 주제 선별해서 구원을 이루는 7단계의 말씀을 알아보겠습니다.

- 구원을 이루는 언약의 계획 -

창세기 1단계	“여자의 후손이 네 머리를 상하게 하겠다”라고 언약하시다 창 3:15. 내가 너로 여자와 원수가 되게 하고 네 후손도 여자의 후손과 원수가 되게 하리니 여자의 후손은 네 머리를 상하게 할 것이요 너는 그의 발꿈치를 상하게 할 것이니라 하시고	시초 언약

창세기 2단계	아브라함을 믿음의 조상으로 부르시다 창 12:2. 내가 너로 큰 민족을 이루고 네게 복을 주어 네 이름을 창대하게 하리니 너는 복이 될지라 창 17:7. 내가 내 언약을 나와 너 및 네 대대 후손 사이에 세워서 영원한 언약을 삼고 너와 네 후손의 하나님이 되리라	아담 언약
구약 3단계	아브라함과 이삭과 야곱에게 하신 언약을 모세에게 두 번째 언약의 말씀으로, 신 29:1. 호렙에서 이스라엘 자손과 세우신 언약 외에 여호와께서 모세에게 명령하여 모압 땅에서 그들과 세우신 언약의 말씀은 이러하니라 신 30:6. 네 하나님 여호와께서 네 마음과 네 자손의 마음에 할례를 베푸사 너로 마음을 다하며 뜻을 다하여 네 하나님 여호와를 사랑하게 하사 너로 생명을 얻게 하실 것이며 예레미야에게 새 언약의 말씀으로 선포하시다 렘 31:31. 여호와의 말씀이니라 보라 날이 이르리니 내가 이스라엘 집과 유다 집에 새 언약을 맺으리라 렘 31:32. 이 언약은 내가 그들의 조상들의 손을 잡고 애굽 땅에서 인도하여 내던 날에 맺은 것과 같지 아니할 것은 내가 그들의 남편이 되었어도 그들이 내 언약을 깨뜨렸음이라 여호와의 말씀이니라 렘 31:33. 그러나 그 날 후에 내가 이스라엘 집과 맺을 언약은 이러하니 곧 내가 나의 법을 그들의 속에 두며 그들의 마음에 기록하여 나는 그들의 하나님이 되고 그들은 내 백성이 될 것이라 여호와의 말씀이니라	두 번째 언약, 새 언약

이사야 (메시아 예언)	새 언약의 중보자로 메시아를 보낼 것을 이사야를 통해 예표하시다 사 7:14. 그러므로 주께서 친히 징조를 너희에게 주실 것이라 보라 처녀가 잉태하여 아들을 낳을 것이요 그 이름을 임마누엘이라 하리라 사 53:5. 그가 찔림은 우리의 허물 때문이요 그가 상함은 우리의 죄악 때문이라 그가 징계를 받으므로 우리는 평화를 누리고 그가 채찍에 맞으므로 우리는 나음을 받았도다	중보자 메시아 예언
신약 4단계	예수 그리스도를 피 뿌림의 산제사를 지내는 새 언약의 중보자로 보내시다 요 6:35. 예수께서 이르시되 나는 생명의 떡이니 내게 오는 자는 결코 주리지 아니할 터이요 나를 믿는 자는 영원히 목마르지 아니하리라 요 6:51. 나는 하늘에서 내려온 살아 있는 떡이니 사람이 이 떡을 먹으면 영생하리라 내가 줄 떡은 곧 세상의 생명을 위한 내 살이니라 하시니라 요 6:53. 예수께서 이르시되 내가 진실로 진실로 너희에게 이르노니 인자의 살을 먹지 아니하고 인자의 피를 마시지 아니하면 너희 속에 생명이 없느니라 요 6:54. 내 살을 먹고 내 피를 마시는 자는 영생을 가졌고 마지막 날에 내가 그를 다시 살리리니 히 8:10. 또 주께서 이르시되 그 날 후에 내가 이스라엘 집과 맺을 언약은 이것이니 내 법을 그들의 생각에 두고 그들의 마음에 이것을 기록하리라 나는 그들에게 하나님이 되고 그들은 내게 백성이 되리라 히 9:14. 하물며 영원하신 성령으로 말미암아 흠 없는 자기를	마음의 할례

	하나님께 드린 그리스도의 피가 어찌 너희 양심을 죽은 행실에서 깨끗하게 하고 살아 계신 하나님을 섬기게 하지 못하겠느냐 히 9:15. 이로 말미암아 그는 새 언약의 중보자시니 이는 첫 언약 때에 범한 죄에서 속량하려고 죽으사 부르심을 입은 자로 하여금 영원한 기업의 약속을 얻게 하려 하심이라 골 2:11. 너희가 손으로 하지 아니한 할례를 받았으니 곧 육의 몸을 벗는 것이요 그리스도의 할례니라 마 27:46. 제구시쯤에 예수께서 크게 소리 질러 이르시되 엘리 엘리 라마 사박다니 하시니 이는 곧 나의 하나님, 나의 하나님, 어찌하여 나를 버리셨나이까 하는 뜻이라	
신약 5단계	그리스도의 법이 마음에 심긴 하나님의 성전이 되라 성령을 받으라 요 20:22. 이 말씀을 하시고 그들을 향하사 숨을 내쉬며 이르시되 성령을 받으라 행 1:5. 요한은 물로 세례를 베풀었으나 너희는 몇 날이 못되어 성령으로 세례를 받으리라 하셨느니라 갈 5:22-23. 오직 성령의 열매는 사랑과 희락과 화평과 오래참음과 자비와 양선과 충성과 온유와 절제니	성령의 열매

신약 6단계	쉬지 않는 기도로 경건의 훈련 지속하기 교회 된 자로서 그리스도의 일꾼이 되기 고전 4:1. 사람이 마땅히 우리를 그리스도의 일꾼이요 하나님의 비밀을 맡은 자로 여길지어다 고전 9:24. 운동장에서 달음질하는 자들이 다 달릴지라도 오직 상을 받는 사람은 한 사람인 줄을 너희가 알지 못하느냐 너희도 상을 받도록 이와 같이 달음질하라 살전 5:17. 쉬지 말고 기도하라 딤전 4:7. 망령되고 허탄한 신화를 버리고 경건에 이르도록 네 자신을 연단하라	그리스도의 일꾼
계시록 7단계	각 사람에게 그가 행한 대로 갚아 주리라 계 3:19. 내가 사랑하는 자를 책망하며 징계하노니 그러므로 네가 열심을 내라 회개하라 계 22:12. 보라 내가 속히 오리니 내가 줄 상이 내게 있어 각 사람에게 그가 행한 대로 갚아 주리라 계 22:13. 나는 알파와 오메가요 처음과 마지막이요 시작과 마침이라	종말과 심판

2. 새 언약의 성취를 위한 세부적인 7단계 말씀

하나님이 마음의 할례로 예수님의 마음을 주시어 예수 이름으로 살아가며, 그리스도의 일꾼으로 새 언약의 일꾼으로 거듭나기 위한, 하나님이 준비하신 구원에 이르는 성경의 7단계 언약의 말씀을 세부적으로 마음에 새겨 보겠습니다.

1단계: 아담의 죄와 여자의 후손

창 3:15 내가 너로 여자와 원수가 되게하고 너의 후손도 여자의 후손과 원수가 되게 하리니 여자의 후손은 네 머리를 상하게 할 것이요 너는 그의 발꿈치를 상하게 할 것이니라

창 3:21 여호와 하나님이 아담과 그 아내를 위하여 가죽옷을 지어 입히시니라

계 12:9 큰 용이 내어 쫓기니 옛 뱀 곧 마귀라고도 하고 사탄이라고도 하는 온 천하를 꾀는 자라 땅으로 내어 쫓기니 그의 사자들도 저와 함께 내어 쫓기니라

하나님은 아담에게 여자의 후손으로 하여금 사탄을 멸하겠다고 언약합니다. 아담을 미혹한 것은 옛 뱀 곧 마귀입니다. 이를 이루기 위하여, 그리스도를 더 좋은 언약의 중보자로 세우시겠다는 아담과의 언약입니다. 하나님의 언약은 인류의 처음부터 그리스도가 오시는 그날까지의 언약입니다. 그래서 이 언약을 시초 언약, 아담 언약이라고 합니다.

그 언약의 계보를 이어 가기 위해서 하나님은 노아를 홍수에서 다시 시작하는 인류의 조상으로 만드십니다. 그리고 하나님의 뜻으로 갈대아 우르에 있던 아브라함을 불러 믿음의 조상으로 세우십니다. 하나님이 말씀하신 '여자의 후손'을 통하여 하나님의 언약의 계보를 이루어 가는 것입니다.

2단계: 아브라함의 부르심

창 12:1 여호와께서 아브람에게 이르시되 너는 너의 본토 친척 아비 집을 떠나 내가 네게 지시할 땅으로 가라
창 12:2 내가 너로 큰 민족을 이루고 네게 복을 주어 네 이름을 창대케 하리니 너는 복의 근원이 될지라

창 17:7 내가 내 언약을 나와 너와 네 대대 후손의 사이에 세워서 영원한 언약을 삼고 너와 네 후손의 하나님이 되리라

창 17:19 하나님이 가라사대 아니라 네 아내 사라가 정녕 네게 아들을 낳으리니 너는 그 이름을 이삭이라 하라 내가 그와 내 언약을 세우리니 그의 후

손에게 영원한 언약이 되리라

아브라함을 믿음의 조상으로 세우기 위해 부르시고 그 믿음을 확인하신 후 이삭과 야곱을 통해 하나님에 대한 믿음을 만들어 가십니다. 그래서 여호와 하나님을 네 조상의 하나님, 아브라함과 이삭과 야곱의 하나님이라고 거듭 말씀합니다.

이것은 그들이 믿음이 좋아서 하나님을 섬긴 것이 아니라 하나님이 믿음을 세워 주신 것을 보라는 것입니다. 하나님은 그때나 지금이나 하나님이 믿음을 만들어 가고 있습니다. 그러기 위해 하나님은 첫 언약인 십계명의 율법을 지켜 내지 못하는 이스라엘 민족에게 예수 그리스도를 육신으로 보내는 두 번째 언약의 계획인 새 언약을 구약의 모세와 여러 선지자를 통하여 말씀하고 계시는 것입니다.

이것은 지금도 하나님이 보이지 않아서, 내 소망을 들어주지 않아서, 내 기도에 응답하지 않아서 불평하고 불만하는 우리들에게 영원한 하나님이 말씀하시는 영원한 언약을 보고 믿음의 사람으로 예수 그리스도를 사랑하는 신앙을 가지라고 말씀하시는 것입니다.

3단계: 두 번째 언약과 새 언약 예표(이사야서 메시아 예언)

신 30:6 네 하나님 여호와께서 네 마음과 네 자손의 마음에 할례를 베푸사 너로 마음을 다하며 성품을 다하여 네 하나님 여호와를 사랑하게 하사 너로 생명을 얻게 하실 것이며

신 30:8 너는 돌아와 다시 여호와의 말씀을 순종하고 내가 오늘날 네게 명한 그 모든 명령을 행할 것이라

렘 31:31 나 여호와가 말하노라 보라 날이 이르리니 내가 이스라엘 집과 유다 집에 **새 언약**을 세우리라
렘 31:32 나 여호와가 말하노라 이 언약은 내가 그들의 열조의 손을 잡고 애굽 땅에서 인도하여 내던 날에 세운것과 같지 아니할 것은 내가 그들의 남편이 되었어도 그들이 내 언약을 파하였음이니라
렘 31:33 나 여호와가 말하노라 그러나 그 날 후에 내가 이스라엘 집에 세울 언약은 이러하니 곧 내가 나의 법을 그들의 속에 두며 그 마음에 기록하여 나는 그들의 하나님이 되고 그들은 내 백성이 될 것이라

겔 11:19-20 내가 그들에게 한 마음을 주고 그 속에 새 영을 주며 그 몸에서 돌 같은 마음을 제거하고 살처럼 부드러운 마음을 주어 내 율례를 따르며 내 규례를 지켜 행하게 하리니 그들은 내 백성이 되고 나는 그들의 하나님이 되리라

겔 36:26-27 또 새 영을 너희 속에 두고 새 마음을 너희에게 주되 너희 육신에서 굳은 마음을 제거하고 부드러운 마음을 줄 것이며 또 내 영을 너희 속에 두어 너희로 내 율례를 행하게 하리니 너희가 내 규례를 지켜 행할지라

하나님이 모세를 통하여 주신 언약은 두 가지입니다.
첫 번째는 시내산(호렙산)에서 주신 모세 율법으로 부르는 십계명의 율법입니다. 모세 율법은 모세를 통하여 말씀하신 것이고 율법은 사람

의 의지와 결심으로 지키는 것입니다. 그래서 십계명을 첫 번째 언약이라고 말합니다. 첫 번째 언약은 이스라엘 백성과 세우신 언약입니다.

두 번째는 아브라함과 이삭과 야곱과 세운 영원한 언약을 이루시겠다는 말씀입니다. 하나님이 아브라함과 이삭과 야곱과 세운 언약을 기억하시면서 모압 땅(시온산)에서 하신 언약을 두 번째 언약이라고 하는 것입니다.

하나님은 두 번째 언약을 이루시기 위하여 예레미야에게 새 언약으로 다시 말씀하셨습니다.

두 번째 언약은 아브라함과 이삭과 야곱에게 세우신 언약을 기억하시고 모세에게 모압 땅에서 마음에 할례를 주는 언약을 선포하라고 하신 말씀입니다.

이 두 번째 언약을 바탕으로 이스라엘과 유다 집에 새로 세우신 언약을 새 언약이라고 말씀하셨습니다. 새 언약은 그리스도의 법을 나의 마음과 생각 속에 넣어 주는 것입니다. 나의 마음에 두고 생각에 기록하시겠다는 말씀인 것입니다.

마음의 할례가 생각에 기록되어야 하기에 하나님의 아들이신 예수 그리스도가 십자가에서 스스로 하나님의 뜻에 순종하며 그 고난을 받게 되시는 것입니다.

이사야서 메시아 예언

하나님은 이사야 선지자를 통해 새 언약의 중보자로 오실 예수님을 예언하게 하십니다.

이사야는 메시아의 초림과 수난과 영광, 메시아의 통치와 종말적인 현상 및 하나님 나라로서 교회의 완성된 모습 등을 언급하고 있습니다. 이는 하나님이 역사와 새 언약을 이루어 가는 성경의 주관자이신 것을 나타내신 것입니다.

이사야서 메시아 예언과 이를 성취하신 신약의 말씀을 병기하며 살펴보겠습니다.

- 메시아의 탄생 예언

사 7:14 그러므로 여호와께서 친히 다윗 왕실에 한 징조를 보여주실 겁니다. 처녀가 잉태해 아들을 낳고 그 이름을 임마누엘이라고 할 것입니다.

사 9:1 어둠 속에서 고통 받는 사람들에게 어둠이 걷히고 빛이 비치는 날이 온다. 전에는 여호와께서 스불론과 납달리 땅이 멸시받게 버려두셨으나 그 뒤로는 서쪽 지중해로부터 요단강 동쪽 지역과 이방인들이 사는 갈릴리 지역을 영화롭게 하실 것이다.

사 11:1 이새의 그루터기가 뿌리를 깊게 내리고 새 순이 돋고 잘 자라 열매를 맺는다.(그리스도가 이 예언으로부터 약 700년 후 태어났다)

사 11:4 오히려 공의로 재판해 가난한 사람들과 억눌린 사람들의 시비를 바르게 가려 주고 말이 몽둥이가 되어 잔인한 자를 치고 사악한 자를 처형할 것이다.

사 11:9 나의 거룩한 산 어디를 가나 서로 해치거나 죽이는 일이 다시는 없고 물이 바다를 덮음같이 여호와를 아는 지식이 땅에 충만할 것이다.
사 11:10 그날이 오면 이새의 뿌리에서 돋은 한 가지 (다윗 왕조를 이은 예수)가 깃발이 되고 만민들이 그 깃발을 보고 모여들 것이다. 그래서 그가 있는 곳이 영광스럽게 될 것이다.

사 32:1 보아라, 장차 한 왕이 나타나 공의로 나라를 다스리고 고관들도 공평하게 백성을 다스릴 날이 온다.

마 1:20 요셉이 이런 생각을 할 때 주님의 천사가 꿈에 나타나 말했다. "다윗의 자손 요셉아, 두려워하지 말고 마리아를 아내로 맞아라. 그녀의 태중에 있는 아기는 성령으로 말미암은 것이다.
마 1:21 그리고 마리아가 아들을 낳으면 그 아기의 이름을 예수라고 해라. 왜냐하면 그가 자기 백성을 그들의 죄에서 구원할 사람이기 때문이다."
마 1:22 이 일은 주님께서 예언자를 통해 말씀하신 걸 이루시려는 것이었다.
마 1:23 "보아라, 동정녀가 잉태해 아들을 낳으면 그 이름을 임마누엘 (하나님이 우리와 함께하심)이라고 해라."

- 메시아의 선구자 예언

사 40:3 광야에서 한 소리가 있어 외친다. "여호와께서 오실 길을 닦아라. 사막에 우리 하나님께서 오실 큰 길을 닦아라.

마 3:3 선지자 이사야로 말씀하신 자라 일렀으되 광야에 외치는 자의 소리가 있어 가로되 너희는 주의 길을 준비하라 그가 오실 길을 곧게 하라 하였느니라

- 메시아의 사명을 기록

사 61:1 여호와께서 나에게 기름을 부어 주님의 영이 임하게 하신 후에 나를 보내시며 이렇게 이르셨다. "겸손한 자에게 기쁜 소식을 전하고 마음이 상한 자들을 감싸주며 포로에게 자유를 선포하고 갇힌 자들에게 자유를 선포해라.

사 61:2 여호와께서 원통한 일을 다 풀어주시는 날이 이르렀다고 선포하고, 슬퍼하는 사람들을 위로해라.

눅 4:17 선지자 이사야의 글을 드리거늘 책을 펴서 이렇게 기록된 데를 찾으시니 곧

눅 4:18 주의 성령이 내게 임하셨으니 이는 가난한 자에게 복음을 전하게 하시려고 내게 기름을 부으시고 나를 보내사 포로 된 자에게 자유를, 눈 먼 자에게 다시 보게 함을 전파하며 눌린 자를 자유케 하고

눅 4:19 주의 은혜의 해를 전파하게 하려 하심이라 하였더라

- 메시아의 수난과 죽음 예언

사 53:1 그러니 우리가 들은 소식을 누가 믿을 수 있겠느냐? 여호와의 능력이 누구에게 나타났느냐? [요 12:38, 롬 10:16]

사 53:2 그는 마치 마른 땅에서 나온 연한 순 같아 늠름한 풍채도 멋진 모습도 없어 사람들의 눈길을 끌지 못했다.

사 53:3 그는 사람들에게 멸시 당해 버림받았으며 많은 고통을 겪었다. 그래서 우리 도 그를 귀하게 여기지 않았다.

사 53:4 (메시아의 대속) 그러나 사실은 우리가 받아야 할 고통을 그가 대신 받았고, 우리가 겪어야 할 슬픔을 대신 겪었다. 그런데도 우리는 그가 하나

님께 징계받아 고난당하는 것으로 알았다.

사 53:5 그가 찔린 건 우리의 허물 때문이고, 그가 상처 입은 건 우리의 악함 때문이다. 그가 채찍에 맞음으로 우리가 평화를 누리게 되었고, 그가 상처 입음으로써 우리의 병이 나았다.

사 53:6 우리 모두 길 잃은 양처럼 흩어져 각각 제 갈 길로 갔으나 여호와께서 우리의 모든 죄악을 몸소 담당하셨다.

사 53:7 그는 온갖 굴욕을 당하면서도 입 한번 열지 않고 모든 고난을 다 참았다. 도살장으로 끌려가는 어린 양과 털 깎이는 어미 양처럼 아무 말도 하지 않았다.

사 53:8 그가 체포되어 억울한 재판을 받고 유죄판결을 받았으나 어느 누구도 그를 걱정해주는 사람이 없었다. 그렇다. 그는 내 백성의 허물 때문에 십자가를 졌다.

사 53:9 그는 폭력을 쓴 일도 없고 거짓말을 한 적도 없지만 죄인들과 함께 처형 당하고 부자가 묻히는 무덤에 묻혔다.

사 61:1 여호와께서 나에게 기름을 부어 주님의 영이 임하게 하신 후에 나를 보내시며 이렇게 이르셨다. “겸손한 자에게 기쁜 소식을 전하고 마음이 상한 자들을 감싸주며 포로에게 자유를 선포하고 갇힌 자들에게 자유를 선포해라.

사 61:2 여호와께서 원통한 일을 다 풀어주시는 날이 이르렀다고 선포하고, 슬퍼하는 사람들을 위로해라.

마 8:16 저물매 사람들이 귀신 들린 자를 많이 데리고 예수께 오거늘 예수께서 말씀으로 귀신들을 쫓아 내시고 병든 자들을 다 고치시니

마 8:17 이는 선지자 이사야로 하신 말씀에 우리의 연약한 것을 친히 담당하시고 병을 짊어지셨도다 함을 이루려 하심이더라

벧전 2:21 이를 위하여 너희가 부르심을 입었으니 그리스도도 너희를 위하여 고난을 받으사 너희에게 본을 끼쳐 그 자취를 따라오게 하려 하셨느니라
벧전 2:22 저는 죄를 범하지 아니하시고 그 입에 거짓도 없으시며
벧전 2:23 욕을 받으시되 대신 욕하지 아니하시고 고난을 받으시되 위협하지 아니하시고 오직 공의로 심판하시는 이에게 부탁하시며
벧전 2:24 친히 나무에 달려 그 몸으로 우리 죄를 담당하셨으니 이는 우리로 죄에 대하여 죽고 의에 대하여 살게 하려 하심이라 그가 채찍에 맞음으로 너희는 나음을 얻었나니
벧전 2:25 너희가 전에는 양과 같이 길을 잃었더니 이제는 너희 영혼의 목자와 감독 되신 이에게 돌아왔느니라

4단계: 그리스도의 피 뿌림과 마음의 할례

요 2:19 예수께서 대답하여 가라사대 너희가 이 성전을 헐라 내가 사흘 동안에 일으키리라

눅 9:23 아무든지 나를 따라 오려거든 자기를 부인하고 날마다 제 십자가를 지고 나를 좇을 것이니라
눅 9:24 누구든지 제 목숨을 구원코자 하면 잃을 것이요 누구든지 나를 위하여 제 목숨을 잃으면 구원하리라

요 6:35 예수께서 가라사대 내가 곧 생명의 떡이니 내게 오는 자는 결코 주리지 아니할 터이요 나를 믿는 자는 영원히 목마르지 아니하리라

히 12:24 새 언약의 중보이신 예수와 및 아벨의 피보다 더 낫게 말하는 뿌린 피니라

요 19:30 예수께서 신 포도주를 받으신 후 가라사대 다 이루었다 하시고 머리를 숙이시고 영혼이 돌아가시니라

엡 2:16 십자가로 이 둘을 한 몸으로 하나님과 화목하게 하려 하심이라 원수 된것을 십자가로 소멸하시고

골 2:11 그 안에서 너희가 손으로 하지 아니한 할례를 받았으니 곧 육적 몸을 벗는 것이요 그리스도의 할례니라

요 6:38-39 내가 하늘로서 내려온 것은 내 뜻을 행하려 함이 아니요 나를 보내신 이의 뜻을 행하려 함이니라

히 9:15 이를 인하여 그는 **새 언약**의 중보니 이는 첫 언약 때에 범한 죄를 속하려고 죽으사 부르심을 입은 자로 하여금 영원한 기업의 약속을 얻게 하려 하심이니라

히 10:7 하나님이여 보시옵소서 두루마리 책에 나를 가리켜 기록한 것과 같이 하나님의 뜻을 행하러 왔나이다 하시니라

새 언약은 예수 십자가의 보혈로 세우신 것으로 성령이 마음에 할례를 주시는 것입니다.

새 언약은 두 번째 언약을 믿고 마음에 할례를 받아 그리스도의 일꾼으로 하나님의 계명을 지키며 살아가겠다는 믿음의 기도가 있어야 합니다. 그 믿음을 하나님이 의로 여겨 주실 때 성령이 나의 마음과 생각에 그리스도의 법을 새겨 주고 거듭나게 해 주실 것입니다. 그리스도의 법을 마음에 두고 생각에 기록하여 하나님의 계명을 지키게 해 주실 것입니다.

하나님은 이스라엘 백성에게 하나님이 말씀하시는 언약의 증표로 포피를 자르게 하셨습니다. 그것은 하나님과 이스라엘 백성이 율법 조문으로 언약 관계에 있다는 육신의 할례였습니다. 이제는 심령 가운데 변화가 생기는 마음의 할례가 있어야 합니다. 예수님이 십자가에서 죄의 구속을 위해 흘리신 피가 나의 죄 때문이라는 마음의 가죽을 베는 할례가 있어야 합니다. 그 십자가가 나의 십자가가 되어야 합니다.

그것은 회개와 심령의 변화로 거듭나게 하는 마음의 할례입니다. 마음의 할례를 받아들이는 것은 기도와 말씀을 통한 간구가 있어야 합니다.

하나님이 죄를 기억하시지 않겠다고 하신 것은 마음의 할례로써 언약의 증표를 예수 이름으로 새겼기 때문입니다. 사탄의 미혹을 예수 피로 쫒아내고 이기는 예수 보혈이 마음에 새겨졌기 때문입니다.

하나님과 언약의 증표인 마음의 할례가 생기지 않았다면 하나님이 원하시는 계명을 지키기 위한 죄와의 싸움을 시작할 수 없습니다. 그래서 하나님은 너희의 마음 가죽을 베라고 하신 것입니다. 하나님이 주시는 새 언약의 일꾼 된 이들은 마음 가죽을 베고 마음에 생긴 할례가 하나님과의 증표입니다. 그렇게 예수 그리스도의 보혈로 세우는 새 언약은 그리스도의 법입니다. 그리스도의 법을 마음에 가진 이들은 새 언약의 일꾼으로 그리스도의 일꾼으로 살아갑니다.

5단계: 성령을 받으라

요 20:22 이 말씀을 하시고 저희를 향하사 숨을 내쉬며 가라사대 성령을 받으라

갈 6:2 너희가 짐을 서로 지라 그리하여 그리스도의 법을 성취하라

롬 8:2 그리스도 예수 안에 있는 생명의 성령의 법이 죄와 사망의 법에서 너를 해방하였음이라

고후 3:3 너희는 우리로 말미암아 나타난 그리스도의 편지니 이는 먹으로 쓴 것이 아니요 오직 살아 계신 하나님의 영으로 한 것이며 또 돌비에 쓴 것이 아니요 오직 육의 심비에 한 것이라

롬 2:29 할례는 마음에 할지니 신령에 있고 의문에 있지 아니한 것이라 그 칭찬이 사람에게서가 아니요 다만 하나님에게서니라

요 3:3 예수께서 대답하여 가라사대 진실로 진실로 네게 이르노니 사람이 거듭나지 아니하면 하나님 나라를 볼 수 없느니라

요 3:5 예수께서 대답하시되 진실로 진실로 네게 이르노니 사람이 물과 성령으로 나지 아니하면 하나님의 나라에 들어갈 수 없느니라

행 1:14 더불어 마음을 같이하여 전혀 기도에 힘쓰니라

행 2:42 저희가 사도의 가르침을 받아 서로 교제하며 떡을 떼며 기도하기를 전혀 힘쓰니라

고전 3:7 그런즉 심는 이나 물 주는 이는 아무 것도 아니로되 오직 자라나게 하시는 하나님뿐이니라

고전 3:16-17 너희가 하나님의 성전인 것과 하나님의 성령이 너희 안에 거하시는 것을 알지 못하느뇨 누구든지 하나님의 성전을 더럽히면 하나님이 그 사람을 멸하시리라 하나님의 성전은 거룩하니 너희도 그러하니라

요 14:20 그 날에는 내가 아버지 안에 너희가 내 안에 내가 너희 안에 있는 것을 너희가 알리라

요 15:7 너희가 내 안에 거하고 내 말이 너희 안에 거하면 무엇이든지 원하는대로 구하라 그리하면 이루리라
요 15:8 너희가 과실을 많이 맺으면 내 아버지께서 영광을 받으실 것이요 너희가 내 제자가 되리라

롬 8:1-4 그러므로 이제 그리스도 예수 안에 있는 자에게는 결코 정죄함이 없나니 이는 그리스도 예수 안에 있는 생명의 성령의 법이 죄와 사망의 법에서 너를 해방하였음이라 율법이 육신으로 말미암아 연약하여 할 수 없는 그것을 하나님은 하시나니 곧 죄를 인하여 자기 아들을 죄 있는 육신의 모양으로 보내어 육신에 죄를 정하사 육신을 좇지 않고 그 영을 좇아 행하는 우리에게 율법의 요구를 이루어지게 하려 하심이니라

하나님과 언약의 증표인 마음에 할례가 생겼다면 하나님이 주시는 진리의 성령을 받기 위해 전심으로 기도해야 합니다. 예수님은 성령을 받으라고 말씀하셨고 사도들과 제자들은 전심으로 오로지 기도하기에 힘썼다고 기록되어 있습니다.

예수 그리스도의 이름으로 주시는 성령은 진리의 성령입니다.

마음에 할례가 새겨진 이들은 예수 피로 귀신을 쫓아낼 수 있습니다. 마귀와 귀신과 병마를 예수 이름으로 쫓아냅니다. 하나님이 말씀하시는 죄를 알게 되고 예수 그리스도의 이름을 걸고 이 세상을 살아갑니다. 이 세상이 주는 성공과 권세에 유착되지 않고 하나님의 나라에 소망을 두게 될 것입니다. 그리하여 살아 있는 하나님의 거처로 성전이 되고 하나님의 교회가 된 자가 되어야 합니다.

하나님이 주시는 생명의 기쁨이 기도와 말씀에서 매일 새롭게 나와 성령의 열매를 맺는 성령의 사람으로 하나님이 길러 주실 것입니다. 그것이 예수 생명으로 살아가는 자의 소망일 것입니다.

6단계: 쉬지 않는 기도와 경건의 훈련

딤전 4:1 성령이 밝히 말씀하시기를 후일에 어떤 사람들이 믿음에서 떠나 미혹케 하는 영과 귀신의 가르침을 좇으리라 하셨으니

고전 9:23-24 내가 복음을 위하여 모든 것을 행함은 복음에 참예하고자 함이라 운동장에서 달음질하는 자들이 다 달아날지라도 오직 상 얻는 자는 하나인 줄을 너희가 알지 못하느냐 너희도 얻도록 이와 같이 달음질하라

엡 2:21-22 그의 안에서 건물마다 서로 연결하여 주 안에서 성전이 되어가고 너희도 성령 안에서 하나님이 거하실 처소가 되기 위하여 예수 안에서 함께 지어져 가느니라

딤전 4:5 하나님의 말씀과 기도로 거룩하여짐이니라

딤전 4:7-8 망령되고 허탄한 신화를 버리고 경건에 이르기를 연습하라 육체의 연습은 약간의 유익이 있으나 경건은 범사에 유익하니 금생과 내생에 약속이 있느니라

엡 2:20 너희는 사도들과 선지자들의 터 위에 세우심을 입은 자라 그리스도 예수께서 친히 모퉁이 돌이 되셨느니라

고전 4:1 사람이 마땅히 우리를 그리스도의 일군이요 하나님의 비밀을 맡은 자로 여길지어다

고후 3:6 저가 또 우리를 **새 언약**의 일꾼 되기에 만족케 하셨으니 의문으로 하지 아니하고 오직 영으로 함이니 의문은 죽이는 것이요 영은 살리는 것임이라

딤전 4:4 하나님의 지으신 모든 것이 선하매 감사함으로 받으면 버릴 것이 없나니

살전 5:16-18 항상 기뻐하라 쉬지말고 기도하라 범사에 감사하라 이는 그리스도 예수 안에서 너희를 향하신 하나님의 뜻이니라

하나님의 나라에 소망을 두고 살아 있는 하나님의 거처로 성전이 되고 교회가 되어야 합니다. 하나님의 교회가 된 자로 살아가도 사탄은 세상의 물질과 번영으로 미혹을 계속할 것입니다. 운동선수도 삼 일만 운동을 안 하면 근육이 줄어든다고 합니다. 하나님이 쉬지 말고 기도하며 하나님만을 사랑하라고 하신 이유입니다.

하나님의 마음을 아는 마음의 할례가 생기고 영성이 좋아졌다고 해도 그 영성을 계속 유지할 수 있는 것이 아닙니다. 우리의 영적 생명은 매일 예수 그리스도를 부르며 십자가의 살과 피로 생명의 생수를 먹어야 합니다. 쉬지 않고 기도하는 기도의 훈련은 예수 생명으로 살아갈 수 있는 근원이 될 것입니다.

절대로 사람을 맹신하지 말아야 합니다. 사람은 유혹에 약합니다. 육체를 가진 자기 자신도 마찬가지로 연약한 존재임을 마음에 깨우쳐야 합니다.

우리는 매일 경건의 훈련을 해야 합니다. 이것은 경주장에 나가는 선

수의 마음가짐으로 매일 기도와 말씀의 훈련을 해야 합니다. 죄악으로 가득 찬 자기를 위해 십자가를 선택하신 예수 그리스도의 생명으로 자기를 부인하고 자기 십자가를 매일 지는 그리스도의 일꾼이 되어야 합니다.

하나님의 말씀이 우리 마음에 심겨 생명이 되어야 합니다. 말씀을 듣고 어떤 것은 백 배, 어떤 것은 육십 배, 어떤 것은 삼십 배의 결실을 내는 사람이 되어야 합니다.

7단계: 각자가 행한 대로 갚아 주리라

계 22:12-13 보라 내가 속히 오리니 내가 줄 상이 내게 있어 각 사람에게 그가 행한 대로 갚아 주리라 나는 알파와 오메가요 처음과 마지막이요 시작과 마침이라

계 2:5 그러므로 어디서 떨어졌는지를 생각하고 회개하여 처음 행위를 가지라 만일 그리하지 아니하고 회개하지 아니하면 내가 네게 가서 네 촛대를 그 자리에서 옮기리라

계 2:16 그러므로 회개하라 그리하지 아니하면 내가 네게 속히 가서 내 입의 검으로 그들과 싸우리라

계 2:23 또 내가 사망으로 그의 자녀를 죽이리니 모든 교회가 나는 사람의 뜻과 마음을 살피는 자인 줄 알지라 내가 너희 각 사람의 행위대로 갚

아 주리라

계 2:26 이기는 자와 끝까지 내 일을 지키는 그에게 만국을 다스리는 권세를 주리니

계 3:3 그러므로 네가 어떻게 받았으며 어떻게 들었는지 생각하고 지켜 회개하라 만일 일깨지 아니하면 내가 도둑 같이 이르리니 어느 때에 네게 이를는지 네가 알지 못하리라

계 3:19 무릇 내가 사랑하는 자를 책망하여 징계하노니 그러므로 네가 열심을 내라 회개하라

계 3:20 볼지어다 내가 문 밖에 서서 두드리노니 누구든지 내 음성을 듣고 문을 열면 내가 그에게로 들어가 그와 더불어 먹고 그는 나와 더불어 먹으리라

계 22:11-14 불의를 행하는 자는 그대로 불의를 행하고 더러운 자는 그대로 더럽고 의로운 자는 그대로 의를 행하고 거룩한 자는 그대로 거룩하게 하라 보라 내가 속히 오리니 내가 줄 상이 내게 있어 각 사람에게 그가 행한 대로 갚아 주리라 나는 알파와 오메가요 처음과 마지막이요 시작과 마침이라 자기 두루마기를 빠는 자들은 복이 있으니 이는 그들이 생명나무에 나아가며 문들을 통하여 성에 들어갈 권세를 받으려 함이로다

계 22:17 성령과 신부가 말씀하시기를 오라 하시는도다 듣는 자도 오라 할

것이요 목마른 자도 올 것이요 또 원하는 자는 값없이 생명수를 받으라 하시더라

계 22:19-21 만일 누구든지 이 두루마리의 예언의 말씀에서 제하여 버리면 하나님이 이 두루마리에 기록된 생명나무와 및 거룩한 성에 참여함을 제하여 버리시리라 이것들을 증언하신 이가 이르시되 내가 진실로 속히 오리라 하시거늘 아멘 주 예수여 오시옵소서 주 예수의 은혜가 모든 자들에게 있을지어다 아멘

하나님의 말씀의 궁극적인 심판은 각 사람이 행한 삶을 통하여 하나님이 결정하실 것입니다. 그러나 그 결정은 우리가 교회에서 구원을 안심하고 안도하게 만들어 주는 말로 들어온 심판과는 분명 다를 것입니다.

하나님은 우리의 죄를 대속하시고 이제는 죄와 싸워 이기는 자가 되라고 말씀하셨습니다. 잘못된 마음과 생각으로부터 짓게 되는 죄는 매일의 기도와 회개로 다시 주 예수님의 십자가에 서 거룩함을 따라가는 삶을 원하신 것입니다. 우리의 죄를 대속하셨기에 오직 하나님만을 사랑하는 사람이 되라고 명하신 것입니다. 자기를 부인하고 자기 십자가를 지는 사람이 되라는 것이었습니다.

이것은 자기 본능의 죄는 누구도 자유롭지 않기에 하나님의 십자가 피와 살을 먹으며 마음에 할례를 받아 다시 하나님의 선하심과 거룩함을 따라가고자 하는 삶은 쉬지 않는 기도로 이루어져야 하는 것입니다.

하나님은 너희가 처음 사랑을 회개하며 회복하라고 명하십니다. 회개하지 않으면 촛대를 옮기시겠다는 것입니다.

내가 문밖에서 기다리노니 내 음성을 듣는 자가 문을 열라고 하십니다. 우리의 하나님을 부르는 기도가 들릴 때 하나님은 우리에게 임재하시겠다고 선언하십니다. 이것이 하나님의 최종 명령입니다.

자기 두루마리를 빠는 자가 되어야 합니다. 하나님께 매일 삶을 돌아보며 회개와 감사의 기도로 하나님을 찾는 기도를 해야 합니다. 하나님을 사랑하는 기도를 해야 합니다. 하나님과 함께하겠다는 임마누엘의 기도를 해야 합니다.

하나님은 이미 우리를 새 언약의 십자가 마음과 십자가의 피로 부르셨습니다. 우리가 각자의 삶이 끝나 갈 때 응답하지 않은 자의 책임은 각자에게 준엄하게 임하게 될 것입니다.

3. 언약의 역사로 보는 하나님의 실존

하나님의 살아 계심을 단계별 언약으로 확인하기

우리는 하나님이 살아 계신다고 말하지만 그것을 실증하기 어렵습니다.

이 세상이 크게 보일수록 하나님은 작아집니다. 그러나 살아 계신 하나님은 아담으로부터 시작되는 사람의 역사 속에서 하나님의 언약을 말씀하시고 지키시고 우리를 구원하였습니다.

아담으로부터 지금까지 함께하시는 하나님을 새 언약의 말씀 안에서 확인하시고 살아 계신 하나님을 증명받아야 합니다. 영생을 확신하는 믿음의 신앙이 시작될 때 하나님의 나라를 위해 삶을 살게 됩니다.

새 언약은 아담의 죄로부터 시작해서 예수의 피로 죄를 씻어 주시고 이제부터는 진리의 성령으로 죄를 이기고 하나님의 거룩함을 마음과 생각에 기록하여 살라는 하나님의 명령입니다. 경기장에서 달리는 경주자는 그 경기가 끝나야 상을 받게 되는 것입니다. 우리의 삶은 경주자의 삶입니다. 어느 누가 하나님이 아니면서 구원받았다고 선포를 할 수 있습니까?

그러나 우리가 하나님이 말씀하신 언약을 기억하며 그 삶을 예수 그리스도로 인하여 달려갈 때 하나님은 우리를 기억하실 것입니다. 우리의 마음에 예수 그리스도에 대한 사랑이 언제나 한결같을 때 우리는 항상 기도하는 사람이 되어 있을 것입니다. 그리스도의 법이 마음에 새겨진 일꾼으로서 하늘의 상을 바라며 하나님의 언약이 내 마음에 오신 성령께서 이루어 주시길 바라는 믿음의 기도자가 될 것입니다. 이 믿음을 하나님은 믿음의 의라고 말해 주실 것입니다.

창세기는 아담의 죄로부터 하나님과 분리되어 사람이 부패하게 되었고 하나님은 뱀(사탄)을 징계하는 여자의 후손과 아브라함을 택한 믿음의 시작을 계획하시는 것에서 출발됩니다.

아담으로부터 시작된 죄에서 구원과 속죄의 언약을 위해 하나님이 아브라함을 믿음의 조상으로 택하였습니다. 아브라함으로부터 이삭, 야곱에 이르는 믿음의 시작을 만들어 가며 새 언약의 중보자로 그리스도로 이어지게 하는 것이 창세기입니다.

구약은 사람들의 불순종에 대한 기록입니다.

인류를 대표하는 이스라엘 백성이 첫 번째 언약인 율법을 지킬 수 없는 불순종의 역사와 인류를 구원하기 위한 하나님의 두 번째 언약과 새 언약을 통한 구원의 계획과 하나님의 예언이 나타난 것이 구약입니다.

하나님은 모세에게 명하여 언약하신 첫 번째 약속인 십계명 외에 두 번째 언약을 선포하게 하셨습니다. 그리고 예레미야에게 새 언약을 선포하게 하시어 구속 사역의 여정의 예표를 인류의 역사에 기록하게 하시는 것입니다.

신약은 드디어 새 언약의 중보자로 예수 그리스도로 보내어 구원의 계획을 실행하시는 것입니다.

하나님의 영을 우리 마음에 두기 위하여 고난의 십자가에 보내시는 하나님 아버지의 마음과 순종하는 예수님의 마음을 우리 마음에 두고 마음의 할례를 행하게 하여 주십니다.

하나님이 인류의 죄를 대속하는 믿음의 구원과 성령의 열매와 경건의 훈련으로 하나님만을 사랑하는 그리스도의 성전 된 일꾼이 되어 진리의 성령으로 우리를 통치하시어 죄의 권세를 이기는 기도와 경건의 훈련으로 쉬지 않고 기도하는 기도의 사람이 되어야 합니다.

종말은 하나님의 심판이 기다리고 있는 준엄함이 있습니다.

자기 목숨을 아끼지 않고 주신 하나님은 우리가 죄와 싸워 이기며 사탄을 대적하여 다시 준비하신 천국의 에덴동산에 들어올 수 있는 자인지를 그리스도의 피의 분량으로 마음의 할례를 행하여 기도하였는지를 보고 우리의 행위대로 갚아 주실 것입니다. 하나님의 사랑과 은혜는 우리의 기도로 마음에 채우는 자가 되어야 합니다.

새 언약으로 가는 1-3단계의 언약 적용

아담에게 언약하신 약속을 이루기 위하여 하나님은 아브라함을 부르시어 믿음의 조상으로 세워 주십니다. 여자의 후손으로 유다 가문을 정하시고 다윗의 계보를 따라서 예수 그리스도를 보내 주십니다.

하나님은 사람을 생각하시나 사람은 하나님을 생각하지 않습니다.

사랑하지도 않습니다. 그러나 하나님은 죄성이 있는 사람을 구원하고자 한 언약을 실행해 가시겠다고 모세에게 두 번째 언약으로 말씀하십니다.

하나님이 모세에게 주신 십계명의 율법을 백성들이 잘 지키고 거룩하게 살아 내었다면 하나님은 그들에게 복을 주시고 율법은 사람들에게 지킬 수 있는 계명이 되었을 것입니다.

그러나 율법으로는 사람들이 하나님을 사랑하는 것도 거룩한 삶을 살아가는 것도 불가능한 것을 이스라엘의 역사를 통해 알게 하셨습니다.

이제 하나님은 스스로를 육신으로 오시어 우리의 마음에 할례를 주고 하나님의 사랑을 알게 하기 위하여 십자가에 달리는 고난을 선택하시게 되었습니다. 그리하여 하나님은 “내가 고난을 받을 것이다”라는 언약의 말씀을 모세에게 두 번째 언약으로 예레미야에게 새 언약으로 다시 선포하게 되시는 것입니다.

하나님의 율법인 십계명의 첫 계명에서 네 번째 계명까지는 오직 하나님만을 사랑하라는 것이었습니다. 그러나 사람들은 결국 하나님을 실망시키고 맙니다. 하나님을 섬기지 않고 세상 우상들을 섬기는 백성들인 그들은 이스라엘 백성뿐만이 아니라 우리 모든 사람들이었습니다. 하나님을 만나고 하나님의 말씀을 듣고 하나님의 이적과 기사를 본 하나님이 자기 백성이라고 말씀하신 이스라엘 백성이 지켜 내지 못하는 율법을 어느 나라 백성이 지킬 수 있었겠습니까? 결국 출애굽 하면서 모세에게 새겨 준 십계명의 가르침을 지키겠다는 포피를 베는 할례가 무의미하게 된 것입니다.

그래서 구약은 창세기와 구약을 구분해서 봐야 합니다. 창세기는 아브라함 가족을 통하여 믿음을 만드시는 말씀입니다.

구약은 모세를 통해 하나님의 율법을 지키라는 말씀입니다. 완전히 말씀의 다른 줄기인 것입니다. 따라서 모세를 통해 만들어 가시는 이스라엘 역사는 하나님의 계획으로 말씀하신 새 언약의 십자가 마음에서는 말씀의 핵심적 줄기가 아닌 것입니다. 여기까지가 3단계인 하나님의 언약입니다.

4단계의 언약 적용: 피 뿌림의 산제사

이제 우리는 4단계에서 신앙을 시작해야 합니다.

하나님은 자신이 스스로 인간의 죄를 담당하시는 제물로 오셔야 했습니다. 하나님이 이스라엘 백성에게 요구했던 동물의 피로 제사드리는 것이 아닌 예수의 피로 단번에 제사를 드리게 해 주셔야 했습니다.

이것은 지나간 과거의 십자가가 아닙니다. 우리가 하나님의 자녀로 살아가는 것은 살아 계신 예수 그리스도의 성령이 현재 우리의 삶 속에서 이루어 가는 신앙이 되어야 합니다. 내 안에서 말씀하시는 진리의 성령을 만나야 합니다.

예수님은 나를 따라오려거든 자기를 부인하고 날마다 자기 십자가를 지고 나를 따르라고 말씀하셨습니다. 우리가 예수 그리스도의 몸 된 교회로 이 삶을 거룩하게 살아 내야 하는 것입니다. 세상이 주는 성공과 물질 속에서 사탄의 미혹을 이겨 내는 회개의 기도로 하나님을 가장 사랑하는 신앙인이 되는 것입니다.

초대 교회는 이렇게 그리스도인들이 그 삶을 살아 냈습니다. 죽음을 두려워하지 않고 하늘나라에 계시는 어린 양의 예수 그리스도의 영광을 보고 현생의 삶을 죽음으로 이겨 냈습니다. 그러나 지금의 그리스도인들의 믿음의 삶은 어떠합니까?

하나님이신 당신이 십자가에서 우리의 죄를 사해 주었으니 우리는 죄가 없습니다. 하나님이신 당신이 십자가에서 우리를 구원해 주었으니 구원받았음을 의심하지 않습니다.

교회를 성실히 다니고 있으니 성공하고 윤택한 삶이 되게 해 주세요. 나의 삶을 다른 사람보다 앞서게 해 주세요. 좋은 대학을 가고 좋은 직장을 가고 좋은 배우자를 만나고 좋은 아들딸을 낳아서 행복한 삶을 살도록 하나님이 내 기도에 응답해 주어야 합니다.

하나님이 원하는 기도를 모르니 자신의 기도를 나열하는 것입니다. 그리고 우리의 교회는 교회에 나오고 헌금하고 봉사하면 믿음이 있다고 구원을 의심하지 말라고 말합니다. 하나님이 성경에서 말씀하는 새 언약의 방향과는 완전히 다른 것입니다.

성도를 구원으로 견인해 가는 것은 교회의 책임입니다. 성도를 실족시키고 자신도 실족하면서 어떤 벌을 교회는 감당해야 하는지 깊이 말씀에 비추어 회개하고 바르게 인도해야 합니다.

새 언약은 우리 마음에 하나님의 마음을 주시는 것입니다. 그것은 내 마음 가죽을 베는 마음의 할례에서 시작합니다. 나의 죄를 대속하신 예수가 내가 살아가는 인생에서 가장 사랑하는 이름이 되어야 합니다. 가장 사랑하는 마음의 대상이 예수가 되어야 합니다. 내 마음에 나를 사랑하사 자신을 죽이신 예수의 마음으로 내 마음의 옷을 갈아

입어야 합니다.

우리의 기도는 예수 그리스도의 마음의 할례를 받아 변화된 삶을 살아가게 해 달라고 해야 합니다.

죄를 부추기는 사탄을 알고 예수 이름으로 쫓아내고 예수 마음으로 살아 내는 영적 전쟁의 승리를 알아야 하는 것입니다.

5-6단계의 언약 적용

그리고 5단계로 성장해야 합니다.

예수 그리스도의 이름으로 주시는 성령. 그 성령으로 인하여 예수가 내 속에 오셔야 하는 것입니다. 우리가 예수께서 말씀하시는 소리를 들어야 하는 것입니다. 예수의 피를 마시고 예수의 살을 먹으며 예수의 성전으로 살아 내는 것입니다. 성령의 열매를 맺으며 좁은 문으로 들어가는 것입니다. 좋은 땅에 말씀이 뿌려진 예수의 제자로서 삼십 배, 육십 배, 백 배의 결실을 맺는 하나님의 자녀가 되는 것입니다. 우리의 삶이 기쁨으로 기도로 감사로 찬양으로 살아가는 것입니다.

그리고 이것은 6단계의 삶으로 이어지는 것입니다.

우리는 하나님의 이름을 쉬지 않고 부르는 기도를 해야 합니다. 우리는 하나님의 성전이며 하나님의 교회가 된 자의 삶을 살아야 합니다. 쉬지 않는 기도로 경건의 훈련을 지속하며 사탄을 언제나 이겨 내야 하는 것입니다.

세상 속에서 예수 그리스도가 우리에게 주신 사랑을 심어야 합니다. 예수 그리스도의 사랑을 받은 자로서 예수의 사랑을 세상의 강줄기에 흘려보내야 하는 것입니다. 사랑의 강물이 가정을 적시고, 가족을 적시고, 사회를 적시고, 나라를 적시고, 지구촌에 흘려보내야 하는 것입니다. 그것이 하나님의 사람이 된 사람들의 사랑의 줄기여야 합니다.

이 세상을 살아가는 이유는 예수님이 나를 사랑하시어서 내가 예수의 이름으로 살아가는 것입니다. 그리스도의 일꾼이며 새 언약의 일꾼이 되어야 합니다. 예수 이름을 이 땅에 심는 것이 삶의 목표가 되어야 합니다.

종말의 심판을 맞이하는 7단계의 언약 적용

그리고 이러한 신앙인의 삶은 우리가 이 세상을 떠나고 나서 하나님의 준엄한 심판과 대면하게 될 것입니다.

7단계의 계시록에서 말씀하시고 이루실 종말의 심판은 하나님은 이미 우리에게 자신의 신성한 육신을 십자가에서 제사로 올리셨기에 더욱 공의롭고 준엄하신 잣대로 하실 것입니다.

우리가 하나님이 지신 그리스도의 할례가 마음의 할례로 거듭난 삶을 주님의 피와 살을 먹으면서 기도하였는지 그리하여 예수 보혈의 피가 우리 마음에 얼마나 가득 차 있는지로 판단하실 것입니다. 하나님은 우리 마음에 있는 그리스도의 피만 보실 것입니다. 그리스도의 할례가 내 마음의 할례로 보이실 것입니다. 자기의 의로 신앙생활을 하였는지 예수의 피로 신앙생활을 하였는지 그 기준이 명확하게 재단

될 것입니다. 예수의 피로 신앙의 삶을 살아가고자 하는 이들은 기도를 하지 않을 수 없습니다. 자기의 본능의 죄를 보면서 회개하지 않을 수 없습니다.

자기를 부인하는 기도를 하지 않을 수 없습니다. 나의 본성을 예수 십자가에 달아 주기를 기도하지 않을 수 없습니다. 그런 죄악의 나를 위해 사랑의 십자가를 지신 하나님을 가장 먼저 사랑의 최우선 순위에 놓을 수밖에 없습니다. 하나님께 사랑과 은혜의 감사와 찬양은 나의 삶을 마귀가 바라는 이 세상의 삶에서 하나님이 원하는 주님의 종된 자리에서 그리스도의 일꾼이 되기 위해 기도하는 삶을 살아 내는 신앙으로 경주했을 것입니다. 그래서 우리는 쉬지 않고 기도해야 합니다.

하나님은 이런 자녀를 원하고 있습니다. 하나님이 자신을 고난 속에 버리시고 우리의 마음에 함께 살아가기를 원하시는 것입니다. 그 언약을 이루어지게 하는 삶은 매일의 기도 속에 있습니다. 하나님의 뜻으로 살아 낼 때 하나님이 준비하신 세상의 복은 천국의 복과 함께 주어질 것입니다.

하나님 아버지께 모든 영광을 올립니다. 우리 주 예수 그리스도만을 사랑합니다. 찬양합니다.

이렇게 하나님이 아담 때부터 준비하신 역사와 시대별로 말씀하시고 새 언약의 중보자로 결국 예수께서 그리스도로 오시게 되고 계시록의 종말을 맞는 신앙의 긴 여정이 성경입니다.

성경은 구약과 신약으로 되어 있으나 하나님이 아담으로부터 계획하신 새 언약을 이해하기 위해서는 성경을 창세기, 구약, 신약, 계시록으로 선포한 말씀의 산맥의 줄기를 알고 성경 통독으로 나아가야 성경에서 하나님의 뜻을 정확하게 이해할 수 있게 되는 것입니다.

하나님의 경륜 (經綸) - 세상을 다스리는 새 언약

새 언약 계획 [성부]					새 언약 성취 [성자]	새 언약 적용 [성령]		종말 [심판]
창세기		구약 [불순종의 역사]			신약			계시록
1단계 아담 언약 시초 언약	2단계 영원한 언약	3단계 두번째 언약인 새 언약의 공표 [첫 언약인 십계명의 불순종]			4단계 그리스도의 할례와 마음의 할례로 하나님의 마음을 우리 생각에 기록하라	5단계 성령을 받는 성령의 열매로 그리스도의 일꾼이 되라	6단계 쉬지 말고 기도하는 경건의 훈련으로 새 언약의 일꾼인 교회가 되라	7단계 마음의 할례로 기도의 향이 있는 자가 생명책에 기록됨
아담의 죄에서 대속과 구원을 위해 아브라함을 믿음의 조상으로 만들어 가는 믿음의 시작		인류를 대표하는 이스라엘 백성이 첫 언약인 십계명을 지킬 수 없는 불순종의 역사와 그 멸망을 기록하고 인류를 구원하기 위한 두번째 언약인 새 언약을 공표하는 하나님의 역사			새 언약의 중보자로 성자 예수를 보내는 하나님 아버지의 마음과 순종하는 예수님의 마음을 우리 마음을 찢어내는 회개의 할례로 받게 합니다. 새 언약의 성취는 성령의 내주와 성령의 열매와 경건의 훈련을 위해 쉬지 말고 기도하는 신앙으로 새 언약의 일꾼이 되어야 합니다.			예수 보혈로 자기 두루마기를 빠는 기도의 신앙인이 되어야 생명책에 기록됨
아담언약 - 여자의 후손을 통한 심판	영원한 언약 - 아브람을 부르시고 언약을 세우심	모압땅에서 두번째 언약을 선포	[이사야의 임마누엘 탄생 예언]	예레미야가 새 언약을 공표	새 언약의 중보자 예수 그리스도 그리스도의 할례와 마음의 할례	성령을 받으라 - 성령의 열매를 맺으라	경건의 훈련 - 자기를 부인하고 자기 십자가를 지라	자기 두루마기를 빠는 자가 성에 들어감
천지창조 - 에덴동산	BC 2100년 경	BC 1300년경	BC 700년경	BC 650년경	BC 4~ AD 30년경 오늘을 살아가며	오늘과 내일을 바라보며	오늘과 영생을 소망하며	재림과 심판
그리스도의 채움 - 하나님의 일					그리스도로 채움 - 교회의 일			

새 언약 계획 [성부]					새 언약 성취 [성자]	새 언약 적용 [성령]		종말 [심판]
창세기		구약 [불순종의 역사]			신약			계시록
아담의 죄와 여자의 후손을 통하여 사탄을 심판하심	아브라함을 부르시고 새 언약으로 이어지는 믿음의 조상으로 삼으심	십계명은 첫 언약으로 할례가 증표. 모세에게 선포하게 한 두번째 언약은 마음의 할례로 하나님의 법을 우리 마음에 두시겠다는 언약	메시아 탄생과 고난과 대속을 이사야가 예언하게 하심	하나님의 법을 우리 마음에 두는 새 언약을 예레미야로 하여금 공표하게 하심 - 하나님의 새 언약은 십자가의 마음으로 약속의 증표는 마음을 찢는 애통함에서 오는 마음의 할례가 증표	예수 그리스도가 오시어 십가가에서 그리스도의 할례를 치루시고 우리에게 마음에 할례가 이루어지게 하심	하나님을 부르는 간절한 기도로 성령을 받고 거듭남과 성령의 열매 맺은 신앙인이 되라	쉬지말고 기도하는 경건의 훈련으로 회개와 마음의 할례를 받아 마귀를 이기는 신앙인이 되라	마음의 할례로 하나님의 영을 마음에 두고 기도한 자가 자기 두루마기를 빠는 자로 구원받는 자가 된다.
창세기3장 15. 내가 너와 여자 사이, 또 네 씨와 여자 후손이 원수가 되게 하겠다. 그러면 네 씨가 여자 후손의 발 뒤꿈치를 부수려다가, 도리어 여자의 후손이 네 머리를 상하게 할 것이다. **창세기3장** 21. 여호와 하나님께서 아담과 그의 아내에게 가죽옷을 만들어 입혀주셨다. **창세기3장** 24. 그리고 그들을 내쫓으신 다음, 에덴 동산 동쪽에 그룹들과 돌아가는 불칼을 두어, 생명나무로 가는 길목을 지키게 하셨다.	**창세기 12장** 1. 여호와께서 아브람에게 이르시되 너는 너의 본토 아비 집을 떠나 내가 네게 지시할 땅으로 가라. 2. 내가 너로 큰 민족을 이루고 네게 복을 주어 네 이름을 창대케 하리니 너는 복의 근원이 될지라. **창세기 17장** 7. 내가 내 언약을 나와 너와 네 대대 후손의 사이에 세워서 영원한 언약을 삼고 너와 네 후손의 하나님이 되리라. **창세기17장** 13. 너희 집에서 난 자든지 너희 돈으로 산 자든지 할례를 받아야 하리니 이에 내 언약이 너희 살에 있어 영원한 언약이 되려니와	**신명기 29장** 1. 호렙에서 이스라엘 자손과 세우신 언약 외에 여호와께서 모세에게 명하사 모압 땅에서 또 그들과 세우신 언약의 말씀이 이러하니라. **신명기 30장** 6. 네 하나님 여호와께서 네 마음과 네 자손의 마음에 할례를 베푸사 너로 마음을 다하며 성품을 다하여 네 하나님 여호와를 사랑하게 하사 너로 생명을 얻게 하실 것이며 **신명기 6장** 5. 너는 마음을 다하고 성품을 다하고 힘을 다하여 네 하나님 여호와를 사랑하라.	**이사야 7장** 14. 그러므로 주께서 친히 징조로 너희에게 주실 것이라 보라 처녀가 잉태하여 아들을 낳을 것이요 그 이름을 임마누엘이라 하리라. **이사야 53장** 5. 그가 찔림은 우리의 허물을 인함이요 그가 상함은 우리의 죄악을 인함이라. 그가 징계를 받음으로 우리가 평화를 누리고 그가 채찍에 맞음으로 우리가 나음을 입었도다. **이사야53장** 6. 우리는 다 양 같아서 그릇 행하여 각기 제 길로 갔거늘 여호와께서는 우리 무리의 죄악을 그에게 담당시키셨도다.	**예레미야 31장** 31. 나 여호와가 말하노라 보라 날이 이르리니 내가 이스라엘 집과 유다 집에 새 언약을 세우리라. **예레미야31장** 33. 그날 후에 내가 이스라엘 집에 세울 언약은 이러하니 곧 내가 나의 법을 그들의 속에 두며 그 마음에 기록하여 나는 그들의 하나님이 되고 그들은 내 백성 이 될 것이라. **에스겔36장** 27. 너희의 돌처럼 굳은 마음이 부드러운 마음으로 바뀌고 새 영이 너희 마음에 임해 너희가 내 모든 율례를 따라 살게 될 것이다.	**히브리서 9장** 15. 그는 새 언약의 중보자시니 이는 첫 언약 때에 범한 죄를 속하려고 죽으사 부르심을 입은 자로 하여금 영원한 기업의 약속을 얻게 하려 하심이라. **요한복음 6장** 35. 예수께서 가라사되 내가 곧 생명의 떡이니 내게 오는 자는 결코 주리지 아니할 터이요 나를 믿는 자는 영원히 목마르지 아니하리라. **요한복음 20장** 22. 이 말씀을 하시고 저희를 향하사 숨을 내쉬며 가라사대 성령을 받으라. **사도행전 1장** 14. 더불어 마음을 같이하여 오로지 기도에 힘쓰더라.	**마태복음 16장** 24. 누구든지 나를 따라 오려거든 자기를 부인하고 자기 십자가를 지고 나를 따를 것이니라. **고린도후서 3장** 6. 우리로 새 언약의 일꾼 되기에 만족케 하셨으니 의문 으로 하지 아니하고 오직 영으로 함이니 22. 오직 성령의 열매는 사랑과 희락과 화평과 오래 참음과 자비와 양선과 충성과 **고린도전서 4장** 1. 사람이 마땅히 우리를 그리스도의 일꾼이요 하나님의 비밀을 맡은 자로 여길지어다.	**데살로니가전서 5장** 17. 쉬지 말고 기도하라. 18. 범사에 감사하라 이것이 그리스도 예수 안에서 너희를 향하신 하나님의 뜻이니라. **디모데전서 4장** 7. 망령되고 허탄한 신화를 버리고 경건에 이르도록 네 자신을 연습하라 8. 육체의 연습은 약간의 유익이 있으나 경건은 범사에 유익하니 금생과 내생에 약속이 있느니라	**요한계시록 5장** 8. 향이 가득한 금대접을 가지고 어린양 앞에 엎드렸습니다. 그 향은 성도들의 기도입니다. **요한계시록 21장** 27. 오직 어린양의 생명책에 그 이름이 기록된 사람만 들어갈 수 있습니다. **요한계시록 22장** 14. 그 두루마기를 빠는 자들은 복이 있으니 이는 저희가 생명나무에 나아가며 문들을 통하여 성에 들어갈 권세를 받으려 함이로다. **요한계시록 22장** 12. 보라 내가 속히 오리니 내가 줄 상이 내게 있어 각 사람에게 그가 행한 대로 갚아 주리라.

4. 신약의 말씀으로 확인하는 새 언약의 성취

히브리서, 갈라디아서의 말씀

신약에서 새 언약이 성취된 말씀을 히브리서와 갈라디아서의 본문 말씀과 신구약에서 해당되는 성경의 말씀을 그 아래에 권, 장, 절을 병기하면서 다시 한번 하나님의 언약을 생각해 보겠습니다.

하나님이 창세기에서 아담에게 죄를 짓게 한 뱀(옛 뱀, 사탄)의 머리를 상하게 할 여자의 후손을 보내 주신다는 말씀이 언약의 시초입니다.

하나님이 이 언약의 말씀을 기억하시고 노아의 홍수 이후에 아브라함을 갈대아 우르에서 불러 믿음의 조상으로 세우며 그 언약의 말씀을 이루어 가기 위하여 기록하신 것이 성경입니다.

하나님의 믿음의 언약은 아브라함과 이삭과 야곱의 가계를 통해 이어가게 하였습니다. 야곱이 유다에게 마지막 예언의 축복을 함으로써 아브라함과 유다 지파의 다윗을 통해 그리스도가 나오게 됨을 성경을 통해 말씀하시고 그 말씀이 이루어지길 기다리게 합니다.

여자의 후손을 보내 주신다는 하나님의 말씀을 마음에 깊이 새기고 경외한 여인이 유다의 며느리 다말입니다. 사람이 갖고 있는 생각과 사상으로는 도저히 불가능한 선택을 한 다말의 그 믿음을 하나님은 의로 여겨 주시고 다말을 통해 여자의 후손을 이루어 가십니다.

하나님은 하나님만을 경외하는 여인들인 라합, 룻, 우리야의 아내, 마리아로 그리스도의 계보를 완성하십니다. 하나님은 하나님이 정하시는 방법으로 믿음의 자손을 세워 놓으신 것입니다.

이것은 하나님이 살아 계신 하나님을 알리기 위한 하나님의 방법입니다. 이렇게 살아 계신 하나님을 보여 주시며 그 하나님을 믿는 이들인 여자들로 하여금 그리스도의 계보를 완성하게 하신 것입니다.

하나님이 아브라함과 이삭과 야곱에게 세우신 영원한 언약인 네 후손에게 주실 복과 언약을 모세를 통해 시온산에서 두 번째 언약으로 선포하게 하십니다. 그리고 예레미야 선지자를 통해 새 언약으로 선포하게 하십니다.

하나님이 모세와 다윗을 세워 주면서 이스라엘 백성이 하나님을 사랑하고 율법으로 살아 내기를 얼마나 원하셨겠습니까? 그러나 사람은 율법으로는 선해질 수 없다는 것을 아신 하나님의 예언적 선포입니다. 그것은 후대들에게 하나님이 얼마나 사람이 거룩한 삶을 살기 원하시는지를 나타내는 기록입니다. 이렇게 그리스도는 하나님을 믿는 믿음 안에서 새 언약의 중보자로 보내심을 받게 됩니다.

그리스도를 통해 그리스도의 법을 마음에 새기고 생각에 기록하게 하려는 영원한 언약의 성취인 것입니다. 우리의 마음에 그리스도의 법을 두고 생각에 기록하여 성취하게 해 주실 생명의 성령의 법인 것입니다. 이를 통해 하나님의 일하심이 천지 창조부터 지금까지 이루어지고 있음을 알게 하는 것입니다.

하나님의 일하심은 십자가에서 이루어 놓은 믿음의 구원의 시작이 경건의 훈련으로 성취되어 그리스도의 일꾼이 되기를 바라는 것입니다.

이렇듯 우리의 삶은 하나님이 선한 삶을 살도록 도와주시는 진리의 성령이 내주하게 하는 전심의 간구와 기도로 성령의 열매를 맺으라는 말씀인 것입니다.

딤전 4:4 하나님께서 지으신 모든 것이 선하매 감사함으로 받으면 버릴 것이 없나니

딤전 4:5 하나님의 말씀과 기도로 거룩하여짐이라

딤전 4:6 네가 이것으로 형제를 깨우치면 그리스도 예수의 좋은 일꾼이 되어 믿음의 말씀과 네가 따르는 좋은 교훈으로 양육을 받으리라

딤전 4:7 망령되고 허탄한 신화를 버리고 경건에 이르도록 네 자신을 연단하라

딤전 4:8 육체의 연단은 약간의 유익이 있으나 경건은 범사에 유익하니 금생과 내생에 약속이 있느니라

히브리서 기자는 11장에서, 갈라디아서 기자는 3장, 4장에서, 다음과 같이 말씀하고 있습니다.

히브리서 11장 본문 말씀

믿음은 바라는 것들의 실상이고, 보이지 않는 것들의 증거입니다.(히 11:1)

롬 8:24 우리가 소망으로 구원을 얻었으매 보이는 소망이 소망이 아니니 보는 것을 누가 바라리요

롬 8:25 만일 우리가 보지 못하는 것을 바라면 참음으로 기다릴지니라

우리도 믿음으로 이 세상이 하나님의 말씀으로 창조되었다는 것, 곧 눈에 보이는 것이 보이지 않는 것에서 왔다는 것을 압니다.(히 11:3)

창 1:1 태초에 하나님이 천지를 창조하시니라

창 1:3 하나님이 이르시되 빛이 있으라 하시매 빛이 있었고

요 1:1 태초에 말씀이 계시니라 이 말씀이 하나님과 함께 계셨으니 이 말씀은 곧 하나님이시니라
요 1:2 그가 태초에 하나님과 함께 계셨고
요 1:3 만물이 그로 말미암아 지은바 되었으니 지은 것이 하나도 그가 없이는 된 것이 없느니라

요 1:14 말씀이 육신이 되어 우리 가운데 거하시매 우리가 그 영광을 보니 아버지의 독생자의 영광이요 은혜와 진리가 충만하더라

믿음으로 아벨은 가인보다 더 나은 제물을 하나님께 드려, 하나님께서 그 예물을 받으시고 그를 의인으로 인정해 주셨습니다. 그는 죽었지만 지금도 우리에게 믿음에 대해 교훈을 말해 주고 있습니다.(히 11:4)

창 4:3 세월이 지난 후에 가인은 땅의 소산으로 제물을 삼아 여호와께 드렸고

창 4:4 아벨은 자기도 양의 첫 새끼와 그 기름으로 드렸더니 여호와께서 아벨과 그 제물은 받으셨으나

창 4:5 가인과 그의 제물은 받지 아니하신지라 가인이 몹시 분하여 안색이 변하니

믿음으로 노아는 하나님께서 장차 일어날 일을 경고해 주셨을 때, 그 말을 믿고 방주를 마련해 자기 가족을 구하고 세상을 정죄하였으며 믿음에 따른 의의 상속자가 되었습니다.(히 11:7)

창 6:9 노아의 사적은 이러하니라 노아는 의인이요 당대에 완전한 자라 그는 하나님과 동행하였으며

하나님께서 아브라함을 불러 장차 그의 몫으로 받을 땅으로 가라고 명했을 때 아브라함이 순종했습니다. 그래서 자기가 가는 곳이 어디인지도 모르고 길을 떠났습니다.(히 11:8-9)

창 12:1 여호와께서 아브람에게 이르시되 너는 너의 본토 아비집을 떠나 내가 네게 지시할 땅으로 가라

그는 믿음으로 약속의 땅에 들어가, 훗날 하나님께로부터 같은 약속을 받은 이삭과 야곱과 함께 천막을 치고 나그네로 살았습니다.

아브라함의 아내 사라도 나이가 많아 수태할 수 없는 몸이었지만 하나님께서 약속을 이루어 주신다는 굳은 믿음이 있었기에 어머니가 될 수 있었습니다.

그래서 아기를 갖기에는 너무 늙은 아브라함 한 사람에게서 하늘의 별과 바닷가의 모래알과 같이 셀 수 없을 만큼 많은 후손이 태어나게 되었습니다.(히 11:11-12)

하나님께서 아브라함의 믿음을 시험하실 때, 아브라함은 후손을 번성하게 해 주시겠다는 하나님의 약속을 믿었기 때문에, 그의 외아들 이삭을 기꺼이 제물로 바칠 수 있었습니다.

일찍이 하나님께서 아브라함에게 "이삭을 통해서 난 사람이라야 네 후손이라 불릴 것이다"라고 말씀하셨기 때문입니다.

창 21:12 하나님이 아브라함에게 이르시되 네 아이나 네 여종으로 말미암아 근심치 말고 사라가 네게 이른 말을 다 들으라 이삭에게서 나는 자라야 네 씨라 부를 것임이니라

그래서 아브라함은 이삭이 죽더라도 하나님께서 그를 다시 살리실 것으로 믿었던 것입니다. 그러므로 달리 말하면 아브라함은 죽은 아들을 다시 되돌려받은 셈이 됩니다.(히 11:17-19)

위에 열거한 사람들은 다 믿음 안에서 죽었습니다. 생전에 가나안 땅에 대한 약속이 성취되지 않았지만 그 약속이 다가오고 있다는 것을 기쁨으로 기다리면서 이 땅에서의 그들의 삶이 나그네에 불과하다는 것을 인정했습니다.(히 11:13)

이런 것으로 미루어 보아 그들은 하늘에 있는 본향을 그리워했다는 것을 알 수 있습니다. 만일 그들이 떠나온 고향을 본향으로 생각했다면, 언제든지 돌아갈 기회가 있었습니다. 그러나 그들은 육신의 고향보다는

하늘의 본향을 사모했습니다.

그리고 하나님께서도 그들의 하나님으로 불리는 것을 당연한 것으로 여기시면서 그들을 위해 한 성을 예비하셨습니다.(히 11:14-16)

(그가 이렇게 할 수 있었던 것은) 하나님께서 설계하고 세우신 영원한 천국을 바라보았기 때문입니다.(히 11:10)

이 사람들은 모두 믿음이 있었기 때문에 하나님의 인정을 받았지만, (그리스도가 다시 오실 때 성취될 영원한 기업의) 약속은 받지 못했습니다.

하나님께서 우리를 위해 준비해 두신 더 좋은 것을 그들에게도 주시려고 기다리라고 했던 것입니다.(히 11:39-40)

딤후 4:7-8 내가 선한 싸움을 싸우고 나의 달려갈 길을 마치고 믿음을 지켰으니 이제 후로는 나를 위하여 의의 면류관이 예비되었으므로 주 곧 의로우신 재판장이 그 날에 내게 주실 것이니 내게만 아니라 주의 나타나심을 사모하는 모든 자에게니라

갈라디아서 3장 본문 말씀

성경에 "아브라함이 하나님을 믿으니, 하나님께서 그의 믿음을 보고 그를 의롭게 여기셨다"라고 한 것과 같습니다.(갈 3:6) 그러므로 여러분은 믿음으로 사는 사람만이 아브라함의 후손이 된다는 사실을 알아야 합니다.(갈 3:7)

하나님께서는 이방인들도 믿기만 하면 하나님과 올바른 관계를 맺게 해 주실 것을 성경이 미리 내다보고 이렇게 말했습니다. "너로 말미암아

모든 민족이 복을 받을 것이다."(갈 3:8)

창 12:3-4 너를 축복하는 자에게는 내가 복을 내리고 너를 저주하는 자에게는 내가 저주하리니 땅의 모든 족속이 너를 인하여 복을 얻을 것이니라 하신지라 이에 아브람이 여호와의 말씀을 따라갔고 롯도 그와 함께 갔으며 아브람이 하란을 떠날 때에 그 나이 칠십 오세였더라

그래서 믿음으로 사는 사람은 믿음의 사람 아브라함과 함께 복을 받게 되고, 율법을 지켜 구원을 받으려는 사람은 하나님의 저주를 받게 되는 것입니다.(갈 3:9) 왜냐하면 성경에 "누구든지, 율법 책에 기록된 모든 것을 지키지 않으면 저주받을 것이다"(신 27:26)라고 기록했기 때문입니다.(갈3:10)

신 27:26 이 율법의 모든 말씀을 실행치 아니하는 자는 저주를 받을 것이라 할 것이요 모든 백성은 아멘 할지니라

그리스도께서는 우리를 위해 저주가 되셔서 율법의 저주로부터 우리를 구원해 주셨습니다. 왜냐하면 성경에, "나무에 달린 자마다 저주받은 자다"(신21:23)라고 기록했기 때문입니다.(갈 3:13)

신 21:22-23 사람이 만일 죽을 죄를 범하므로 네가 그를 죽여 나무 위에 달거든 그 시체를 나무 위에 밤새도록 두지 말고 당일에 장사하여 네 하나님 여호와께서 네게 기업으로 주시는 땅을 더럽히지 말라 나무에 달린 자는 하나님께 저주를 받았음이니라.

그것은 아브라함에게 주신 복을 그리스도 예수 안에서 이방인에게도 주시고, 우리로 하여금 믿음으로 말미암아 약속하신 성령을 받게 하시려는 것입니다.(갈 3:14)

그런데 하나님께서 아브라함에게 약속하실 때 많은 사람을 가리키는 "네 자손들에게 이 땅을 주겠다"라고 말씀하시지 않고,

창 12:7 여호와께서 아브람에게 나타나 가라사대 내가 이 땅을 네 자손에게 주리라 하신지라 그가 자기에게 나타나신 여호와를 위하여 그 곳에 단을 쌓고

한 사람을 가리키는 "네 씨에게 이 땅을 주겠다"라고 말씀하셨는데 그 한 사람이 바로 그리스도이십니다.(갈 3:16)

하나님께서 이미 맺어 주신 언약을 430년 후에 생긴 율법이 그 언약을 폐기하거나 무효로 하지 못한다는 것입니다.(갈 3:17)

만일 그 언약이 율법에 근거한 것이라면, 그것은 더 이상 하나님의 은총이 아닙니다. 그러나 하나님께서는 언약에 따라 아브라함에게 유업을 선물로 주셨습니다.(갈 3:18)

그렇다면 율법은 무엇입니까? 그것은 약속한 후에 죄가 무엇인지 알게 하시려고, 약속하신 아브라함의 씨가 올 때까지만 유효하도록 천사들을 통해 중보자인 모세에게 주신 것입니다.(갈 3:19)

출 24:12 여호와께서 모세에게 이르시되 너는 산에 올라 내게로 와서 거기 있으라 너로 그들을 가르치려고 내가 율법과 계명을 친히 기록한 돌판을

네게 주리라

그러나 하나님께서 아브라함에게 약속하실 때는 중보자 없이 직접 하셨습니다.(갈 3:20)

창 17:5-9 이제 후로는 네 이름을 아브람이라 하지 아니하고 아브라함이라 하리니 이는 내가 너를 열국의 아비가 되게 함이니라 내가 너로 심히 번성케 하리니 내가 네게서 민족들이 나게 하며 열왕이 네게로부터 나오리라 내가 내 언약을 나와 너와 네 대대 후손의 사이에 세워서 영원한 언약을 삼고 너와 네 후손의 하나님이 되리라 내가 너와 네 후손에게 너의 우거하는 이 땅 곧 가나안 일경으로 주어 영원한 기업이 되게 하고 나는 그들의 하나님이 되리라 하나님이 또 아브라함에게 이르시되 그런즉 너는 내 언약을 지키고 네 후손도 대대로 지키라

그러나 성경은 우리 모두가 (율법으로 인해) 죄의 포로가 되었다고 말합니다. 그것은 예수 그리스도를 믿은 사람만이, 그 믿음으로 약속된 선물을 받게 하시려는 것입니다.(갈 3:22)

율법은 그리스도께서 오실 때까지 우리를 그분께로 인도하는 인도자 역할을 한 것입니다.(갈 3:24) 그러나 이제 그리스도께서 오셨기 때문에 더 이상 율법이 우리를 인도할 필요가 없게 되었습니다.(갈 3:25)

그리스도 안에서 성령의 세례를 받은 여러분 모두는 그리스도로 옷을 입은 사람입니다.(갈 3:27) 여러분이 그리스도께 속한 사람이면, 여러분은 아브라함의 후손이고 약속에 의한 상속자입니다.(갈 3:29)

갈라디아서 4장 본문

율법 아래 있고자 하는 여러분, 나에게 말해 보십시오. 여러분은 율법이 말하는 것을 듣지 못합니까?(갈 4:21)

율법서에 보면 이런 기록이 있습니다.

아브라함에게 두 아들이 있었습니다. 한 아들은 여종의 몸에서 태어났고, 한 아들은 본처의 몸에서 태어났습니다.(갈 4:22)

창 16:2-4 사래가 아브람에게 이르되 여호와께서 내 생산을 허락하지 아니하셨으니 원하건대 내 여종과 동침하라 내가 혹 그로 말미암아 자녀를 얻을까 하노라 하매 아브람이 사래의 말을 들으니라 아브람의 아내 사래가 그 여종 애굽 사람 하갈을 데려다가 그 남편 아브람에게 첩으로 준 때는 아브람이 가나안 땅에 거주한 지 십 년 후였더라 아브람이 하갈과 동침하였더니 하갈이 잉태하매 그가 자기의 잉태함을 깨닫고 그의 여주인을 멸시한지라

그런데 여종의 몸에서 태어난 아들은 육정의 소생이고, 본처의 몸에서 태어난 아들은 하나님의 약속을 따라 태어난 아들이었습니다.(갈 4:23) 이것은 비유로 한 말인데 그 두 여자는 두 언약을 가리킵니다. 여종은 율법의 언약의 상징인 하갈이고, 본처는 믿음의 상징인 사라입니다.(갈 4:24)

하갈은 아라비아에 있는 시내산을 가리키는데, 그것은 지금의 예루살렘에 해당합니다. 왜냐하면 예루살렘 주민들이 율법주의자들과 함께 율법의 종 노릇 하고 있기 때문입니다.

그러나 하늘에 있는 예루살렘은 종이 아닌 자유인, 곧 믿음으로 은혜

아래 있는 우리들의 어머니인 언약의 여자 사라를 말합니다.(갈 4:25-26)

창 17:15-16 하나님이 또 아브라함에게 이르시되 네 아내 사래는 이름을 사래라 하지 말고 그 이름을 사라라 하라 내가 그에게 복을 주어 그로 네게 아들을 낳아 주게 하며 내가 그에게 복을 주어 그를 여러 민족의 어머니가 되게 하리니 민족의 여러 왕이 그에게서 나리라

창 17:19 하나님이 가라사대 아니라 네 아내 사라가 정녕 네게 아들을 낳으리니 너는 그 이름을 이삭이라 하라 내가 그와 내 언약을 세우리니 그의 후손에게 영원한 언약이 되리라

창 17:21-22 내 언약은 내가 내년 이 시기에 사라가 네게 낳을 이삭과 세우리라 하나님이 아브라함과 말씀을 마치시고 그를 떠나 올라가셨더라

형제 여러분, 여러분은 이삭과 마찬가지로 하나님의 약속으로 태어난 약속의 자녀들입니다.(갈 4:28)

창 21:10-12 그가 아브라함에게 이르되 이 여종과 그 아들을 내어 쫓으라 이 종의 아들은 내 아들 이삭과 함께 기업을 얻지 못하리라 하매 아브라함이 그의 아들로 말미암아 그 일이 매우 근심이 되었더니 하나님이 아브라함에게 이르시되 네 아이나 네 여종을 위하여 근심치 말고 사라가 네게 이른 말을 다 들으라 이삭에게서 나는 자라야 네 씨라 부를 것임이니라

모세의 율법인 십계명은 아브라함과 이삭과 야곱의 하나님이 우리 조

상과 세우신 것이 아니라고 모세는 선포합니다. 즉 아브라함과 이삭과 야곱의 하나님이 우리 조상과 세우신 것은 하나님이 주시는 마음의 할례로 지키게 하는 것입니다.

그러나 모세를 통해 선포된 십계명의 율법은 사람의 의지와 결심으로 지켜야 한다는 것입니다. 그것은 약속된 예수 그리스도가 오실 때까지 죄가 무엇인지를 깨닫게 하기 위한 것입니다.

율법은 아무것도 완전하게 하지 못했습니다. 그래서 하나님께서는 더 좋은 소망을 우리에게 주셨습니다. 우리는 이 소망을 힘입어서 하나님께 가까이 나아가게 되는 것입니다.

하나님은 하나님을 믿는다고 하나님의 사람이 될 수 없다는 것을 구약의 이스라엘 민족의 역사로 보여 주시고 말씀하셨습니다. 하나님은 이스라엘 민족을 통하여 사람의 죄성과 이기심, 사람의 위선, 하나님보다 물질을 사랑하는 육체의 정욕을 알게 하셨습니다. 하나님은 구약에서는 보는 눈과 듣는 귀를 주지 않았다고 말씀합니다.

이는 무슨 이야기입니까?

하나님이 영으로 그리스도의 마음을 사람의 마음에 심어 주지 않으면 사람은 누구나 율법적인 사람이 될 수 없다는 것입니다.

구약에서도 엘리야, 엘리사처럼 죽은 사람을 살리는 이적이 나옵니다.

그러나 이스라엘 민족에게는 아직 예수 그리스도의 진리의 성령이 없으므로 영의 세계에 대한 진리를 알지 못하였습니다. 죄 있는 사람의 육신에 성령 하나님이 들어갈 수가 없는 것입니다.

신 29:2-6 모세가 온 이스라엘을 소집하고 그들에게 이르되 여호와께서 애굽 땅에서 너희 목전에 바로와 그 모든 신하와 그 온 땅에 행하신 모든 일을 너희가 보았나니 곧 그 큰 시험과 이적과 큰 기사를 네 눈으로 보았느니라 그러나 깨닫는 마음과 보는 눈과 듣는 귀는 오늘날까지 여호와께서 너희에게 주지 아니하셨느니라 주께서 사십년 동안 너희를 인도하여 광야를 통행케 하셨거니와 너희 몸의 옷이 낡아지지 아니하였고 너희 발의 신이 해어지지 아니 하였으며 너희에게 떡도 먹지 못하며 포도주나 독주를 마시지 못하게 하셨음은 주는 너희 하나님 여호와이신 줄을 알게 하려 하심이니라

그것은 새 언약의 중보자로 그리스도가 오셔서 진리의 성령이 우리 안에 오실 때 보는 눈과 듣는 귀가 영으로 열리는 것입니다.

예수님은 너희가 내 안에 내가 너희 안에 있어야 한다고 말씀하셨습니다. 그리스도가 주시는 진리의 성령이 마음에 새겨지고 내 안에 오셔야 율법이 완전해지는 것입니다.

예수님의 제자들이 예수님이 십자가에서 영광을 받기 전에도 귀신을 쫓아내며 병자를 낫게 하였지만 하나님이 예수 그리스도께 주시는 진리를 알지는 못하였습니다.

히브리서 13장 본문 말씀

하나님께서 "내가 결코 너를 떠나지도 버리지도 않겠다"라고 말씀하셨습니다. 그러니 돈을 사랑하지 말고 지금 있는 것으로 만족하십시오.(히 13:5)

율법에 따르면 대제사장은 속죄 제물로 죽인 짐승의 피를 지성소에 가지고 들어가고 그 짐승의 몸은 진영 밖에서 불에 태웁니다.(히 13:11)

이와 같이 예수님께서도 자신의 피로 백성을 거룩하게 하시려고 성문 밖에서 고난을 받으셨습니다.(히 13:12) 그러니 이제 우리도 그리스도의 치욕을 짊어지고 진영 밖에 있는 그분께로 나아갑시다.(히 13:12)

이 세상은 우리들의 본향이 아닙니다. 그러기에 우리들은 하늘나라에 있는 영원한 본향을 기다립니다. 이 땅에는 우리가 차지할 영원한 도성이 없습니다. 우리는 다만 앞으로 올 도성을 바랄 뿐입니다.(히 13:14)

그러니 예수 이름으로 쉬지 말고 찬양의 제사를 드립시다. 이렇게 하는 것이 하나님의 영광스러운 이름을 전하는 길입니다.(히 13:15)

양들의 큰 목자이신 우리 주 예수님을 영원한 언약의 피로 죽은 자 가운데서 이끌어 내신 평강의 하나님께서, 모든 선한 일에 여러분을 온전케 하셔서 하나님의 뜻을 이루게 하시고, 예수 그리스도를 통해 하나님께 기쁨이 되는 일을 행하게 하시기를 원합니다. 하나님의 영광이 영원하기를 빕니다. 아멘.(히 13:20-21)

히 13:6-8 그러므로 우리가 담대히 가로되 주는 나를 돕는 이시니 내가 무서워하지 아니하겠노라 사람이 내게 어찌하리요 하노라 하나님의 말씀을 너희에게 이르고 너희를 인도하던 자들을 생각하며 그들의 행실의 결말을 주의하여 보고 그들의 믿음을 본받으라 예수 그리스도는 어제나 오늘이나 영원토록 동일하시니라

5. 새 언약과 마음의 할례를 위한 하나님의 CORE 말씀 되새기기

새 언약의 CORE 말씀

너희는 마음에 할례를 받고, 다시는 고집을 부리지 말아라.(신 10:16)

호렙에서 이스라엘 자손과 세우신 언약 외에, 여호와께서 모세에게 명하사 모압 땅에서, 또 그들과 세우신 언약의 말씀이 이러하니라.(신 29:1)
여호와께서 이왕에 네게 말씀하신 대로, 또 네 열조 아브라함과 이삭과 야곱에게 맹세하신 대로, 오늘날 너를 세워 자기 백성을 삼으시고 자기는 친히 네 하나님이 되시려 함이니라.(신 29:13)
내가 이 언약과 맹세를 너희에게만 세우는 것이 아니라.(신 29:14) 오늘날 우리 하나님 여호와 앞에서 우리와 함께 여기 선 자와, 오늘날 우리와 함께 여기 있지 아니한 자에게 까지니.(신 29:15)

"네 하나님 여호와께서, 네 마음과 네 자손의 마음에 할례를 베푸사 너로 마음을 다하며 뜻을 다하여 네 하나님 여호와를 사랑하게 하사 너로 생명을 얻게 하실 것이다."(신 30:6)

유다인과 예루살렘 거민들아, 너희는 스스로 할례를 행하여 너희 마음 가죽을 베고 나 여호와께 속하라, 그렇지 아니하면 너희 행악을 인하여, 나의 분노가 불같이 발하여 사르리니 그것을 끌 자가 없으리라.(렘 4:4)

너희에게 새로운 마음을 주고, 너희 속에 새로운 영을 넣어 주며, 너희 몸에서 돌같이 굳은 마음을 없애고 살갗처럼 부드러운 마음을 주며(겔 36:26) 너희 속에 내 영을 두어, 너희가 나의 모든 율례대로 행동하게 하겠다.

그러면 너희가 내 모든 규례를 지키고 실천할 것이다.(겔 36:27)

나 여호와가 말하노라, 보라 날이 이르리니, 내가 이스라엘 집과 유다 집에 새 언약을 세우리라.(렘 31:31) 이 언약은, 내가 그들의 열조의 손을 잡고 애굽 땅에서 인도하여 내던 날에 세운것과 같지 아니할 것은, 내가 그들의 남편이 되었어도 그들이 내 언약을 파하였음이니라.(렘 31:32)

그러나 그 날 후에 내가 이스라엘 집에 세울 언약은 이러하니, 곧 내가 나의 법을 그들의 속에 두며 그 마음에 기록하여, 나는 그들의 하나님이 되고 그들은 내 백성이 될 것이라.(렘 31:34)

그는 새 언약의 중보자시니, 이는 첫 언약 때에 범한 죄를 속하려고 죽으사, 부르심을 입은 자로 하여금 영원한 기업의 약속을 얻게 하려 하심이니라.(히 9:15)

새 언약이라 말씀하셨으매, 첫것은 낡아지게 하신 것이니 낡아지고 쇠하는 것은 없어져가는 것이니라.(히 8:13)

주께서 가라사대, 그 날 후에 내가 이스라엘 집으로 세울 언약이 이것이니, 내 법을 저희 생각에 두고 저희 마음에 이것을 기록 하리라. 나는 저희에게 하나님이 되고 저희는 내게 백성이 되리라.(히 8:10)

한번 죽는 것은 사람에게 정하신 것이요, 그 후에는 심판이 있으리니 (히 9:27) 이와 같이 그리스도도 많은 사람의 죄를 담당하시려고, 단번에 드리신 바 되셨고, 구원에 이르게 하기 위하여, 죄와 상관 없이 자기를 바라는 자들에게 두 번째 나타나시리라.(히 9:28)

이에 내가 말하기를 하나님이여 보시옵소서, 두루마리 책에 나를 가리켜 기록한 것과 같이, 하나님의 뜻을 행하러 왔나이다 하시니라.(히 10:7)

예수께서 대답하시되, 위에서 주지 아니하셨더면 나를 해할 권세가 없었으리니, 그러므로 나를 네게 넘겨 준 자의 죄는 더 크니라 하시니 (요 19:11)

그 후에 말씀하시기를 보시옵소서, 내가 하나님의 뜻을 행하러 왔나이다 하셨으니, 그 첫 것을 폐하심은 둘째 것을 세우려 하심이니라.(히 10:9)

이 뜻을 좇아 예수 그리스도의 몸을 단번에 드리심으로 말미암아, 우리가 거룩함을 얻었노라.(히 10:11)

아버지께서 나를 사랑하시는 것은, 내가 다시 목숨을 얻기 위하여 목숨을 버림이라.(요 10:17)

이를 내게서 빼앗는 자가 있는 것이 아니라, 내가 스스로 버리노라. 나는 버릴 권세도 있고 다시 얻을 권세도 있으니 이 계명은 내 아버지에게서 받았노라 하시니라.(요 10:18)

할례는 마음에 할지니 영에 있고 율법조문에 있지 아니한 것이라, 그 칭찬이 사람에게서가 아니요 다만 하나님에게서니라.(롬2:29)

믿음의 주요 또 온전케 하시는 이인 예수를 바라보자. 저는 그 앞에 있는 즐거움을 위하여 십자가를 참으사, 부끄러움을 개의치 아니하시더니 하나님 보좌 우편에 앉으셨느니라.(히 12:2)

그러므로 믿음은 들음에서 나며 들음은 그리스도의 말씀으로 말미암았느니라.(롬 10:17)

오직 주 예수 그리스도로 옷입고 정욕을 위하여 육신의 일을 도모하지 말라.(롬 13:14)

모세가 모압 땅(시온산)에서 선포한 두 번째 언약과 예레미야의 새 언약

너희의 마음과 너희 자손의 마음에 할례를 베푸셔서 순종하는 마음을 주시겠다. (두 번째 언약과 새 언약)

이것은 호렙산에서 이스라엘 자손과 세우신 언약 외에, 모압 땅에서 주께서 이스라엘과 맺으라고 모세에게 명령한 언약의 말씀이다.(신 29:1)

오늘 너희가 이렇게 주님 앞에 선 것은, 너희 주 하나님께서 너희와 맺는 언약과 또 복과 저주의 맹세에 너희를 참여시키려는 것이다.(신 29:12) 이 언약과 맹세는 이미 너희 조상인 아브라함과 이삭과 야곱에게도 해 주신 것인데, 너희를 하나님의 백성으로 삼으시고 당신께서 친히 너희 하나님이 되시려는 것이다.(신 29:13) 그리고 오늘 이 언약은 이 자리에 있는 너희뿐만 아니라 앞으로 태어날 너희 후손과도 세우는 언약이다.(신 29:14-15)

신 29:1 호렙에서 이스라엘 자손과 세우신 언약 외에 여호와께서 모세에게 명령하여 모압 땅에서 그들과 세우신 언약의 말씀은 이러하니라
신 29:13-15 여호와께서 네게 말씀하신 대로 또 네 조상 아브라함과 이삭과 야곱에게 맹세하신 대로 오늘 너를 세워 자기 백성을 삼으시고 그는 친히 네 하나님이 되시려 함이니라 내가 이 언약과 맹세를 너희에게만 세우는 것이 아니라 오늘 우리 하나님 여호와 앞에서 우리와 함께 여기 서 있는 자와 오늘 우리와 함께 여기 있지 아니한 자에게까지이니

너희는 마음에 할례를 행하고 다시는 목을 곧게 하지 말라.(신 10:16)

너희 주 하나님께서 너희와 너희 자손들의 마음에 할례를 베풀어 순종하는 마음을 주시면, 너희가 마음과 뜻을 다해 하나님을 사랑하며 살게 되고, 그러면 모든 저주를 너희를 괴롭히는 원수들과 너희를 미워하는 자들에게 내리실 것이다.(신 30:6-7)

주님께서 너희 조상에게 복 주시며 기뻐하셨던 것처럼 너희에게도 복 주시는 것을 기뻐하실 것이다.(신 30:9) 그러니 너희는 주 하나님의 말씀

에 순종하고 이 율법 책에 기록된 모든 명령과 규례를 지키며 너희 마음과 정성을 다해 주 하나님께 돌아와라.(신 30:10)

신 10:15-16 여호와께서 오직 네 조상들을 기뻐하시고 그들을 사랑하사 그들의 후손인 너희를 만민 중에서 택하셨음이 오늘과 같으니라 그러므로 너희는 마음에 할례를 행하고 다시는 목을 곧게 하지 말라

오늘 내가 전하는 이 명령은 너희에게 어려운 것도 아니고 실천할 수 없는 것도 아니다. 너희의 능력이 미치지 못하는 것도 아니다.(신 30:11) 그것은 하늘에 있는 것도 아니다.

그러니 "누가 하늘에 올라가 그것을 우리에게 가져와 우리가 그것을 실행하게 할 수 있을까?"라고 말하지 마라.

또한 이 명령은 바다 건너에 있는 것도 아니다. 그러니 "누가 바다를 건너가 그 명령을 우리에게 가져와 우리가 듣고 실행하게 할 수 있을까?"라고도 말하지 마라.(신 30:12-13) 이 명령은 너희 아주 가까운 곳에 있다. 바로 너희 입에 있고 너희 마음에 있다.(신 30:14) 보아라. 오늘 내가 너희 앞에 생명과 선 그리고 죽음과 악을 두었다.(신 30:15)

나는 오늘 하늘과 땅을 증인으로 세우고 생명과 복 그리고 사망과 저주를 너희 앞에 두었다.

그러니 너희와 너희 후손은 주 하나님을 사랑하고 하나님의 말씀에 순종하며 살기 위해 생명과 복을 택해야 한다.(신 30:19) 그렇게 하는 것이 주님께서 너희 조상 아브라함과 이삭과 야곱에게 주겠다고 맹세하신 그 땅에서 너희가 잘살게 되는 길이다.(신 30:20)

신 30:6 네 하나님 여호와께서 네 마음과 네 자손의 마음에 할례를 베푸사 너로 마음을 다하며 성품을 다하여 네 하나님 여호와를 사랑하게 하사 너로 생명을 얻게 하실 것이며

주님의 말씀이다.

"앞으로 내가 이스라엘과 유다 백성 전체를 상대로 '새 언약'을 체결하겠다. 이 언약은 내가 그들의 조상을 이집트에서 데려올 때 맺은 언약과는 다르다. 그들은 내가 '주'였음에도 불구하고 나와 맺은 언약을 깨뜨렸다. 그러나 이제 내가 맺는 언약은 돌 판이 아니라 각 사람의 마음에 새기겠다. 그래서 내가 그들의 하나님이 되고 그들이 내 백성이 될 것이다. 내가 그들의 잘못을 용서해 주면 그들이 더 이상 이웃이나 형제들끼리 서로 '너는 주님을 알아라'라는 말을 하지 않게 될 것이다. 작은 사람부터 큰 사람에 이르기까지 모두 다 나를 알 것이기 때문이다."(렘 31:31-34)

렘 31:31-33 나 여호와가 말하노라 보라 날이 이르리니 내가 이스라엘 집과 유다 집에 **새 언약**을 맺으리라 이 언약은 내가 그들의 열조의 손을 잡고 애굽 땅에서 인도하여 내던 날에 세운것과 같지 아니할 것은 내가 그들의 남편이 되었어도 그들이 내 언약을 깨뜨렸음이라 여호와의 말씀이니라 나 여호와가 말하노라 그러나 그 날 후에 내가 이스라엘 집과 맺을 언약은 이러하니 곧 내가 나의 법을 그들의 속에 두며 그들의 마음에 기록하여 나는 그들의 하나님이 되고 그들은 내 백성이 될 것이라

내가 그들에게 새 영을 부어 주어 그들의 돌 같은 마음이 부드러운 마음으로 바뀌게 하면, 그들이 내 율례를 지키며 살아 내 백성이 되고 나

는 그들의 하나님이 될 것이다.(겔 11:19-20)

겔 11:19-20 내가 그들에게 한 마음을 주고 그 속에 새 영을 주며 그 몸에서 돌 같은 마음을 제거하고 부드러운 마음을 주어 내 율례를 따르며 내 규례를 지켜 행하게 하리니 그들은 내 백성이 되고 나는 그들의 하나님이 되리라

신약 히브리서 9장의 설명

옛 언약 아래서 죄를 지은 사람에게 염소나 황소의 피 또는 암송아지의 재를 뿌려 그들을 거룩하게 할 수 있었다면, 하물며 성령의 감동과 자신의 의지를 따라 희생 제물이 되신 그리스도께서 영적으로 죽은 우리를 살리시어 살아 계신 하나님을 섬기게 하지 않으시겠습니까?(히 9:13-14)

이 일을 위해 그리스도께서 새 언약의 중보자가 되십니다. 옛 언약 아래서 범죄한 사람들을 구속하기 위해 그리스도께서 죽으셨고, 그의 죽으심으로써 부름받은 사람들이 하늘나라에서 영원한 안식을 누릴 수 있게 된 것입니다.(히 9:15)

그리스도께서는 많은 사람의 죄를 짊어지시려고 단 한 번 자신의 몸을 제물로 바치셨습니다. 그래서 다시 오실 때는 또다시 희생 제물이 되실 필요가 없이 그분을 간절히 기다리는 사람들을 구원해 주실 것입니다.(히 9:28)

히 9:14-28 하물며 영원하신 성령으로 말미암아 흠 없는 자기를 하나님께 드린 그리스도의 피가 어찌 너희 양심으로 죽은 행실에서 깨끗하게 하고 살아계신 하나님을 섬기게 못하겠느뇨 이를 인하여 그는 **새 언약**의 중보니 이는 첫 언약 때에 범한 죄를 속하려고 죽으사 부르심을 입은 자로 하여금 영원한 기업의 약속을 얻게 하려 하심이니라 유언은 유언한 자가 죽어야 되나니 유언은 그 사람이 죽은 후에야 견고한즉 유언한 자가 살았을 때에는 언제든지 효력이 없느니라

이러므로 첫 언약도 피 없이 세운 것이 아니니 모세가 율법대로 모든 계명을 온 백성에게 말한 후에 송아지와 염소의 피와 및 물과 붉은 양털과 우슬초를 취하여 그 책과 온 백성에게 뿌려 이르되 이는 하나님이 너희에게 명하신 언약의 피라 하고 또한 이와 같이 피로써 장막과 섬기는 일에 쓰는 모든 그릇에 뿌렸느니라

율법을 좇아 거의 모든 물건이 피로써 정결케 되나니 피흘림이 없은즉 사함이 없느니라 그러므로 하늘에 있는 것들의 모형은 이런 것들로써 정결케 할 필요가 있었으나 하늘에 있는 그것들은 이런 것들보다 더 좋은 제물로 할지니라 그리스도께서는 참 것의 그림자인 손으로 만든 성소에 들어가지 아니하시고 오직 참 하늘에 들어가사 이제 우리를 위하여 하나님 앞에 나타나시고 대제사장이 해마다 다른 것의 피로써 성소에 들어가는 것같이 자주 자기를 드리려고 아니하실지니 그리하면 그가 세상을 창조할 때부터 자주 고난을 받았어야 할 것이로되 이제 자기를 단번에 제사로 드려 죄를 없게 하시려고 세상 끝에 나타나셨느니라

한번 죽는 것은 사람에게 정하신 것이요 그 후에는 심판이 있으리니 이와 같이 그리스도도 많은 사람의 죄를 담당하시려고 단번에 드리신 바 되셨고 구원에 이르게 하기 위하여 죄와 상관 없이 자기를 바라는 자들에게 두 번째 나타나시리라

6. 그리스도의 법이 마음에 심긴 신앙

마음의 할례로 새 언약의 일꾼 되는 신앙인

우리는 예수 그리스도의 성령이 내 안에 거하는 신앙인이 되어야 합니다. 예수 이름만 알고 교회를 다니는 것은 율법적이고 종교적인 사람이 되는 것입니다. 예수 그리스도의 십자가를 마음에 담고 마음의 할례를 받고 기도하는 자가 하나님의 사랑을 전하는 참다운 신앙인이 되는 길입니다.

사람은 육체가 존재함으로 고난이나 어려운 상황이 오게 되면 쉽게 흔들릴 수밖에 없습니다. 몸이 너무 아프면 하나님께 치유하심을 기도할 수밖에 없습니다. 배가 너무 고프면 하나님께 먹을 것을 달라고 기도할 수밖에 없습니다. 나라가 전쟁으로 폐허가 되면 침략자로부터 보호하시고 이기게 해 달라고 기도할 수밖에 없습니다. 자녀가 자기의 자리를 못 잡거나 아픈 데가 있으면 자녀를 위해 기도할 수밖에 없습니다.

그러나 그렇게 기도에 응답해 주시어서 문제가 해결되면 성숙한 신앙인으로 하나님만을 사랑하는 사람이 될 수 있을까요?

지금은 의학도 발전시켜 주시어 불치병이었던 암으로부터도 낫게 하는 시대입니다. 나라도 일제 강점기와 한국동란의 가난과 전쟁에서 구해 주시고 선진국이 되어 어떤 좋은 것을 먹을까 하는 시대입니다. 다이

어트로 건강함으로 예쁜 청춘을 오래 머물게 하는 프로그램이 성업 중인 시대입니다.

그러나 사람의 영혼은 더욱 피폐해지고 각종 정신적인 병으로 인하여 개인적인 행복지수가 떨어지고 자살이 더욱 많아지고 있습니다. 사람은 물질로 행복해지지 않습니다. 사람의 영혼의 마음에는 하나님의 선하시고 거룩하신 성령이 함께해야 합니다. 그래서 하나님은 새 언약의 십자가로 우리의 마음을 찢는 회개와 하나님의 사랑을 두기 위하여 피를 흘리신 것입니다.

구약은 사람에게 하나님의 십자가 마음이 들어가지 않으면 하나님이 원하시는 선함을 가질 수 없다는 역사의 기록을 만드신 것입니다. 사람의 자기애와 욕망의 죄성은 하나님의 십자가에서 마음의 할례를 받아 그리스도의 피와 살을 먹는 자만이 사탄이 세상으로부터 주는 미혹을 이겨 낼 수 있다는 것입니다.

예수 그리스도가 십자가에서 흘리신 피가, 우리의 마음에 성령으로 새 언약의 사람으로 거듭남을 주시는 하나님의 언약도 나의 죄성을 보지 않으면 아무 소용이 없게 되는 것입니다. 자기를 부인하고 자기 십자가를 지게 되는 마음은 하나님의 사랑이 내 마음을 가득 채울 때 시작될 수 있는 것입니다.

목사가 되고 교회를 오래 다니고 임직자가 되었다 해도 하나님이 주시는 새 언약의 십자가를 모른다면 구원의 길이 쉽지 않게 될 것입니다. 우리가 자기 죄성의 회개는 하나님의 십자가에서 마음을 찢어 내는 할례로만 볼 수 있기 때문입니다. 십일조를 잘 내고 교회 봉사를 오래 했어도 자기 기도만을 하는 이들에게는 하나님이 응답하지 않으시고 침묵하실 것입니다. 말씀하신 복을 주시지 않고, 심판 때에 그 죄를 꺼내실 것입니다.

왜냐하면 이미 오랜 시간과 자신을 십자가에 내어 주시기까지 기록하시고 말씀하시고, 은혜를 주신 하나님은 이제 심판만이 하실 수 있는 유일한 수단이 되었기 때문입니다.

우리는 살아 있을 때, 예수 이름으로 살아야 하는 책무가 있습니다. 예수 이름으로 살아 내야 하는 경주자의 의무가 있습니다. 여전히 죄의 기운을 뿜어내는 사탄과 귀신의 무리를 예수 이름으로 쫓아내며, 약한 자와 소외된 자, 불우한 이웃을 구해야 할 책임이 있습니다.

우리 마음이 예수 이름으로 행동을 나타내야 합니다. 우리 생각이 예수님만으로 기뻐하고 찬양해야 합니다.

성령 하나님은 예수 이름으로 오시어 우리 안에서 하나님의 나라를 만들기 때문입니다. 성령 하나님이 임하여 하나님의 나라 백성이 된 사람들이 모인 곳이 교회입니다. 예수 이름으로 살아 있는 예수 생명체들이 모여 예배하는 곳이 교회 예배입니다. 그러한 장소가 교회 예배당입니다.

성전은 교회의 건물이 아니라, 예수 이름으로 살아가는 사람이 성전입니다. 신약의 인물들은 모두 그러한 영광받으실 이름 예수 이름으로 전도하며 순교하였습니다.

예수 그리스도의 피는 하나님이 죄를 보시지 않는 피입니다. 내가 지은 죄가 사라지는 피가 아닙니다. 죄는 남아 있습니다. 단지 예수 이름이 마음에서 살아 있는 자, 성령이 있을 수 있는 마음을 가진 자들에게는 하나님이 그 죄를 보시지 않고, 죄 없다고 해 주신다는 말씀입니다.

예수 그리스도의 피가 내 마음에 할례가 되어 예수 이름으로 살아가는 자들은, 죄를 미워하고, 싫어하고, 죄가 있는 자리에 가지 않게 됩니다. 죄가 있을 만한 자리에 가는 것을 싫어하게 됩니다.

우리가 매일 성령 하나님과 함께 살아갈 수 있는 길은 하나님만을 사랑하며 부르는 기도입니다.

우리는 성령과 동행한다, 성령 충만하다, 성령 충만해야 한다고 말을 많이 하기도 하고 듣고 있습니다.

그리스도가 보내신 성령이 없으면 사실 우리는 그리스도의 전이 아닙니다. 그리스도가 보내신 성령이 내 안에 거하지 않으면 하나님의 말씀을 들을 수 없습니다.

교회에 오는 것이 성령의 인도하심은 맞습니다. 그러나 인도하심이 내주하심은 아닙니다. 내주는 계속 거하시는 것이고, 인도하심은 한번 방문해 주신 것과 다름없습니다.

하나님의 인도하심으로 하나님을 알게 되었다면, 하나님과 깊은 기도와 말씀 안에서 신앙인으로 성장해 가야 합니다. 하나님은 그것을 비유로 말씀해 주셨습니다.

예수께서 그들에게 비유로 여러 가지를 말씀하셨는데, 이렇게 이르셨습니다.

“보아라, 씨를 뿌리는 사람이 씨를 뿌리러 나갔다. 그러나 더러는 좋은 땅에 떨어져서 열매를 맺었는데, 어떤 것은 백 배가 되고, 어떤 것은 육십 배가 되고, 어떤 것은 삼십 배가 되었다. 누구든지 하늘나라를 두고 하는 말씀을 듣고도 깨닫지 못하면, 악한 자가 와서, 그 마음에 뿌려진 것을 빼앗아 간다. 길가에 뿌린 씨는 그런 사람을 두고 하는 말이다. 또 자갈밭에 뿌린 씨는 이런 사람이다. 그는 말씀을 듣고, 곧 기쁘게 받아들이기는 하지만, 그 속에 뿌리가 없어서 오래 가지 못하고, 그 말씀 때문에 환난이나 박해가 일어나면, 곧 걸려 넘어진다. 또 가시덤불 속에 뿌린 씨는 이런 사람이다. 그는 말씀을 듣기는 하지만, 세상의 염려와 재물의 유혹이 말씀을 막아, 열매를 맺지 못한다. 그런데 좋은 땅에 뿌린 씨는 말씀을 듣고서 깨닫는 사람을 두고 하는 말인데, 그 사람이야말로 열매를 맺되, 백 배 혹은 육십 배 혹은 삼십 배의 결실을 낸다."

예수께서 그들에게 또 다른 비유를 들어서 말씀하셨습니다.
"하늘나라는 자기 밭에다가 좋은 씨를 뿌리는 사람과 같다."(마 13:23)

성령 충만한 것은 성령 하나님이 주시는 마음으로 주님께 기쁨과 감사가 넘치고, 매일 예수 이름으로 자신의 삶을 살아 내며 예수 생명으로 죄를 이기는 상태를 말하는 것입니다.

구약의 성경을 통해 이스라엘이 결국 첫 언약의 계명을 지키지 못했음을 알았습니다. 사람의 마음은 부패하여 성공과 성취로부터 시작되는 이생의 자랑을 위하여 육체의 정욕, 안목의 정욕을 이길 수 없기 때문입니다.

우리는 하나님이 정하시는 죄를 잘 알아야 합니다. 하나님으로부터 멀어지는 모든 것이 죄라고 하나님은 말씀합니다. 이 죄를 이해하기 어렵다면 예수 그리스도의 죽음은 사도 바울이 말한 것처럼 헛되게 죽으신 것입니다. 죄가 없는 우리를 위해 죽었다는 것은 앞뒤가 맞지 않는 모순입니다.

그러나 많은 그리스도인들이 죄를 모르고 있습니다. 사람이 정한 법을 죄로 생각하기 때문입니다. 그래서 하나님과의 깊은 기도가 필요합니다.

죄를 모르고, 성령을 모르고, 하나님의 창조 질서와 지금도 살아 계셔서 역사를 주관한다는 것을 모르거나, 그런 것도 같고, 아닌 것도 같다고 하면, 지금 하는 방식의 기도는 멈추어야 합니다. 그리고 하나님이 말씀하시는 죄를 알게 해 달라고 기도해야 합니다.

우리의 죄를 대속하신 예수님만을 사랑하게 해 달라고 간절하게 기도해야 합니다. 하나님이 말씀으로 창조하신 세상 만물에서 창조성을 보게 해 달라고 기도해야 합니다.

예수 그리스도의 오병이어와 물 위를 걸으시고, 모든 이적을 행하신 성경의 기록이 이해되도록 알려 달라고 갈급하게 기도하셔야 합니다. 이러한 질문은 사람의 답변으로 얻어서 만족되는 것이 아닙니다.

살아 계신 하나님이 그래서 "구하라, 주실 것이요, 찾아라, 찾을 것이요, 문을 두드려라, 열어 주실 것이다"(마 7:7-8)라고 말씀하신 것입니다.

하늘나라는 자기 밭에다가 좋은 씨를 뿌리는 사람과 같다고 말씀하신 것입니다.

성령 하나님은 하나님 아버지와 성자 하나님과 동격인 진리의 하나님입니다. 우리가 진리를 구하면 답을 주십니다.

세상의 것에 미혹되어 이생의 것이나 성령의 표적에 관심을 갖고, 예수 이름을 찾지 않으면, 사탄이 대신 대답을 해 주게 됩니다. 많은 이단이 생기고, 정통 교회가 진리가 아닌 길로 가는 것은, 사탄의 대답에 현혹되어 세상 속으로 들어갔기 때문입니다.

세상은 예수 그리스도의 이름으로 열심히 살아가야 하는 우리의 삶의 현장입니다. 삶의 현장을 버릴 수 없는 우리들은, 오직 우리 마음에 거하시길 원하시는 성령 하나님을 붙잡고, 예수 그리스도께 감사하며 이 삶을 당당히 고난 앞에서 걸어가야 하는 것입니다.

예수 이름을 가슴에 단 자를 대적할 마귀는 이 세상에 없습니다. 영적인 삶은 매일 밥을 먹는 것 이상으로 우리 마음을 예수 그리스도께 고정하는 것입니다.

지금 마음을 어디에 두고 계십니까?

우리를 죄에서 구원하시려고 피를 흘리시는 예수의 십자가를 떠올리시길 바랍니다.

하나님이 우리의 마음에 들어오시려면 우리의 마음이 예수 그리스도를 사랑하는 마음으로 변해 있어야 합니다. 모든 미움과 분노가 머물지 못하게 하여야 성령 하나님이 거하는 전이 될 수 있습니다.

진리의 성령으로 성전 된 교회가 되는 신앙인, 천국으로 가는 영생의 삶

우리가 하나님을 듣고 아는 것은 하나님의 권능의 치유로 병을 고침 받거나 기도원 등에서 치유의 현장을 보거나 꿈을 통하여 하나님을 간접적으로 경험하거나 방언을 받아서 이적을 체험하거나 말씀이 마음에 들어와 변화되는 여러 가지 상황들로부터 영적인 체험을 하면 하나님을 인격적으로 만났다고 표현들을 합니다. 그러나 방언을 하고 치유를 하고 예언을 하고 말씀에서 감동을 받아도 일회성이거나 단회적이어서 하나님이 원하시는 성령의 열매를 맺을 수가 없습니다.

하나님이 원하시는 성령의 사람은 예수 그리스도의 이름으로 보내주시는 성령이 내 안에 거하시면서, 나의 마음과 생각을 진리이신 예수 그리스도께 고정해야 되는 것입니다. 그래서 외적인 기적의 나타남 없이 말씀이 생명이 되어 믿음을 갖게 되는 것이 귀한 믿음인 것입니다.

"너는 나를 본 고로 믿느냐 보지 못하고 믿는 자들은 복되도다"(요 20:29)라고 말씀하셨습니다.

예수 그리스도로 만족하는 사람이 거듭난 사람이며 성령의 사람이 되는 것입니다. 예수님이 문둥병자 열 명을 치유하여도 감사함으로 온 사람은 한 명이었습니다.

이적과 표적은 하나님이 살아 계신다는 증거인 것입니다. 그러나 그것을 행하는 자도 진리의 성령이 없으면 부패하고 스스로 육체로 무너지는 것입니다. 십자가에 달리신 예수의 피가 내 죄로 인한 것이었다는 마음의 할례 없이는 하나님의 마음을 알 수 없기에 육체로 넘어지는 것입니다. 하나님은 우리의 본성인 죄로 인하여 십자가에 달린 것을 분명히 인식해야 합니다.

죄의 본성은 하나님이 우리 안에 오셔야 해결되는 것입니다. 그래서 하나님은 하나님의 영을 우리 마음에 두는 언약인 새 언약의 중보자로 예수를 십자가에 달리게 하고 우리에게 예수 피의 마음을 심어 주시는 것입니다. 이것을 새 언약이라고 말씀하신 것입니다.

믿음은 이것을 믿는 것입니다. 믿음의 기도는 예수 그리스도의 마음으로 살아가겠다고 결단하고 끊임없이 이 믿음을 믿고 기도하는 것입니다. 사람의 모난 성품을 그대로 갖고 천국에 갈 수 없습니다.

내 마음을 예수의 마음으로 갈아입은 사람이 가는 것입니다. 이 땅에서 살면서 예수의 마음으로 성품의 변화가 없다면 천국에 가서도 그 성품은 변할 수 없습니다. 그런 마음의 사람은 말로만 "주여, 주여" 하는 믿음을 가진 사람이며 천국에 들어갈 수 없다는 말씀입니다.

“하나님이 그날에 택하신 많은 자들이 ‘주님, 주님, 우리가 주님의 이름으로 예언을 하고, 주님의 이름으로 귀신을 내쫓고, 또 주님의 이름으로 많은 기적을 행하지 않았습니까?’(마 7:22) 할 것이다. 그때에 내가 그들에게 밝히 말할 것이다. ‘나는 너희를 도무지 알지 못한다. 불법을 행하는 자들아, 나에게서 물러가라.’(마 7:23)”라고 말씀하신 이유가 여기에 있습니다.

하나님이 그들의 이적과 표적을 통하여 하나님이 계신 것을 알게 하고, 예수 그리스도의 사랑을 그들로 보게 하여, 세상의 소금이 되고 빛이 되어, 세상을 향한 하나님의 표식으로 사용하고자 하신 것입니다.

그러나 지금 하나님의 표식이 된 종교 지도자가 물질을 우선의 가치로 두게 하고, 세상으로부터 오는 미혹의 영을 따라가는 율법의 선지자가 되어 버린 것을 깨닫고 회개해야 합니다. “너희는 지도자라는 칭함을 받지 말아라”(마 23:10) 하신 하나님의 말씀을 마음에 새겨야 합니다.

교회를 이끄는 목회자는 표적과 이적과 깨닫는 말을 주신 하나님을 나타내는 하나님의 표식으로 사용되고 있음을 깨달아야 합니다. “지도자는 그리스도 한 분”(마 23:10)이심을 알아야 합니다.

하나님은 그들을 도구로 사용하여 안 믿는 자들을 위한 표식으로 사용하는 것이기 때문입니다. 도구로 사용하는 이들에게 하나님이 진리의 영을 함께 주시지 않은 것은, 사도 바울에게 육신의 문제를 해결해 주지 않으신 것과 같습니다. 모든 이들은 이 땅에서의 삶에서 그리스도의 진리를 위해 기도해야 하기 때문입니다.

이것을 가장 잘 이용해 실족하게 만드는 자가 바로 사탄인 것입니다. 사탄도 이적을 행하고 치유를 행할 수 있습니다. 그러나 사탄은 진리가 없습니다. 사람의 영을 부패하게 할 뿐 진리에 서게 할 수가 없습니다. 그래서 그 열매로 그 사람을 알 수 있다고 말씀하신 것입니다.

하나님이 주신 성령의 능력을 자랑해서는 안 됩니다. 하나님이 주신 성령의 능력을 행하는 이들을 추종해서도 안 됩니다.

우리의 목표는 예수 그리스도의 이름으로 주시는 진리의 성령, 그리스도의 법으로 새겨진 하나님의 성전이 되어야 하기 때문입니다. 진리는 오직 예수 그리스도 한 분입니다. 예수 그리스도의 십자가는 마음에 할례를 주시어 영적 전쟁에서 미혹과 싸워 이기게 하신 것입니다.

이스라엘 민족을 통해 알게 하신 사람의 죄성이 지금도 거의 모든 곳에서 나타나고 있습니다. 공짜 천국에 이단이 넘쳐 나고, 사람들의 현혹을 위한 사탄의 역사는 장소를 가리지 않습니다. 사탄의 역사가 가장 왕성하게 힘을 쓰고자 노력하는 곳이 교회입니다. 누가 그리스도만 믿으면 사탄이 역사하지 못한다고 말하고 있습니까?

전쟁은 나와 다른 상대를 공격하여 이기는 것입니다. 사탄의 전쟁터는 교회입니다. 사탄이 노리는 곳은 교회입니다. 우는 사자와 같이 힘을 쓰는 곳은 교회입니다. 교회가 아니면 사탄은 영적인 전쟁을 진행할 상대가 없는데 무슨 영적 전쟁이 이루어질 수 있습니까? 그래서 수많은 교회와 목회자와 성도가 사탄에 이끌려 떨어져 나가고 있습니다.

거짓 교사가 영적인 전쟁을 무방비 상태로 만들어서 율법과 세상 것을 갖고 서로 싸우게 합니다. 돈을 갖고 싸우게 하고, 권위를 갖고 싸우게 하고, 사상을 갖고 싸우게 하고, 규례를 갖고 싸우게 하고, 미워하는 마음을 갖고 싸우게 하는 것입니다. 그러나 예수 그리스도는 왕 중의 왕으로서 사탄도 예수 이름에 굴복하는 것입니다.

하나님은 아담이 사탄에 미혹될 때에 이 세상의 임금으로 사탄을 정하셨습니다. 그러나 이 죄와 싸워 이기는 자를 하나님은 구원하시기로 언약하셨던 것입니다. 예수 그리스도가 부활한 것을 본 사도들은 아직 진리의 성령이 내려오시지 않았기에, 아직도 이스라엘 나라의 회복을 찾고자 이야기하는 것을 보게 됩니다.

사도들이, 한자리에 모였을 때에 예수께 여쭈었다.

"주님, 주께서 이스라엘을 위하여 나라를 되찾아 주실 때가 이때이니이까."(행 1:6)

예수께서 그들에게 말씀하셨다.

"때나 시기는 아버지께서 아버지의 권한으로 정하신 것이니, 너희가 알 바가 아니다. 그러나 성령이 너희에게 내리시면, 너희는 권능을 받고, 예루살렘과 온 유대와 사마리아에서, 그리고 마침내 땅끝에까지, 나의 증인이 될 것이다."(행 1:7-8)

예수 그리스도는 말씀합니다.

"세상의 주권자는 하나님이시다, 너희가 진리의 성령을 받으면 하나님의 나라 증인이 될 것"이라고 하시는 것입니다.

우리의 영의 눈은 하나님으로 인하여 계속 열어 주셔야 이 땅에서 승리할 수 있습니다. 살아가는 데 필요한 것을 구하지 않는다고 하여서 이 땅의 삶이 불안전해지는 것이 아닙니다.

하나님께서는, 나는 아브라함의 하나님이요, 이삭의 하나님이요, 야곱의 하나님이다, 하고 말씀하시지 않으셨느냐? 하나님은 죽은 사람의

하나님이 아니라, 살아 있는 사람의 하나님이시다.(마 22:32)

하나님은 지금 살아 있는 우리의 하나님이십니다. 그리하여 하나님의 성령이 우리에게 오셔서 영생의 삶을 살게 하여 주시는 것입니다. 이 땅에서 하나님의 평강으로 천국의 삶을 살게 하여 주시는 것입니다.

우리는 하나님을 쉬지 않고 사랑하며 언제나 하나님께 기도하는 자가 되어야 합니다. 그러면 주님이 내주하시는 성전이 되는 것입니다.

하나님을 믿지만 세상이 좋고 세상 것을 구하기 위해 온갖 힘을 쓰는 것은, 하나님께 합당한 신앙인이 아닌 것입니다. 그러나 다행스럽게도 하나님은 언제나 오래 참으십니다.(욜 2:13) 언제라도 예수의 피를 생각하시어 죄를 보지 않고 품어 주시는 사랑이 많으신 하나님인 것입니다.

우리 마음이 예수님 안에서 살아가기를 결정하고 기도하기를 힘쓰며 말씀이 생명이 되어야 합니다. 하나님이 주시는 평강을 맛본 사람은 세상이 주는 만족과 싸워야 합니다. 예수 이름을 부르며 쉬지 않고 기도하며 이 땅에서 주님과 함께 승리하고 영생의 천국을 사모하는 경주자의 삶을 달려가야 합니다.

경주자는 고난의 시간을 이겨 내는 자들입니다. 자기의 시간을 하나님이 원하시는 삶을 살아 내는 경주에만 기울입니다. 경주하는 신앙인은 쉬지 않고 기도하며 성경의 말씀을 사모하며 사탄의 미혹을 이기는 사람입니다. 예수 그리스도가 주시는 마음으로 그리스도의 법으로 살아가기를 전념하는 사람입니다.

하나님 아버지가 예수 그리스도의 이름으로 보내 주시는 진리의 성령과 같이하시는, 하나님의 성전이 되고, 교회가 되어, 하나님만을 사랑하는 신앙인으로 나아가야 합니다.

Ⅳ.
하나님과 동행하는 기도

"기도는 믿음의 잣대이다.
기도는 성령을 갈망하는 것이다.

믿음은 기도의 잣대이다.
믿음은 성령과 함께하는 것이다."

쉬지 말고 기도하며
'예수 보혈'을 외치며 죄를 대적하고
예수 이름으로 '예수님 사랑합니다'
부르는 기도자가 되어야 합니다.

* 1.24.1 겟세마네 기도운동:
하루 24시간 중 1시간 기도하기를 습관화하는 기도 생활

쉬지 않고 기도하는 "예수님 사랑합니다"를 부르는 기도훈련

쉬지 말고 하나님을 부르는 기도

성경에는 기도의 모본을 보인 기도의 사람들이 등장합니다.

우리는 믿음의 조상인 아브라함의 기도, 예수님이 혼신으로 기도한 겟세마네의 기도, 성령을 사모하며 오로지 전심으로 기도한 마가 다락방의 기도를 따라가야 합니다.

신명기 6장 4절로부터 시작하는 하나님만을 사랑하며 집에 앉았을 때든지, 길을 갈 때든지, 누워 있을 때든지, 일어날 때든지, 언제든지 기도하라고 명령하십니다.

데살로니가 5장 16절에서 기뻐하며 쉬지 말고 기도하라고 말씀합니다.

우리는 성경의 말씀을 따라서 집에서도, 길에서도, 누워서도, 일어나서도 하나님의 이름을 마음에 새기며 기도하는 사람이 되어야 합니다.

- 아브라함이 하나님의 이름을 부르는 기도

부단한 경건의 훈련은 하나님이 바라시는 기도로부터 시작합니다.

아브라함, 이삭, 야곱은 하나님의 이름을 부르는 기도의 제단을 쌓았습니다.

여호와의 이름을 부르더니(창 12:8, 창 26:25, 창 35:3) 하나님의 이름을 부르며 오로지 기도에 힘써야 합니다.

– 예수님의 겟세마네 전심의 기도

하나님의 이름을 간절히 부르며 예수 그리스도의 십자가 흘리신 피가 내 마음에 새겨져야 합니다.

"예수께서 힘쓰고 애써 더욱 간절히 기도하시니 땀이 땅에 떨어지는 핏방울같이 되더라."(눅 22:44)

– 마가 다락방의 전심의 기도

"마음을 같이하여 오로지 기도에 힘쓰더라."(행 1:14, 행 2:42)

하나님의 이름을 부르며 하나님의 나라와 하나님의 의가 내 마음과 생각을 주관하게 해야 합니다.

"먼저 그의 나라와 그의 의를 구하라 그리하면 이 모든 것을 더하시리라."(마 6:33)

하나님의 이름을 부르며 성령 하나님이 마음에 오시기를 구하고 찾고 두드려야 합니다.

"온 마음으로 나를 구하면 나를 찾을 것이요 나를 만나리라."(렘 29:13)

하나님의 이름을 부르며 마음과 뜻과 힘을 다하여 오로지 기도에 힘써야 합니다.

하나님만을 사랑하고 어디서든 부르라는 기도의 명령

"이스라엘아 들으라 우리 하나님 여호와는 오직 유일한 여호와이시니 너는 마음을 다하고 뜻을 다하고 힘을 다하여 네 하나님 여호와를 사랑하라. 오늘 내가 네게 명하는 이 말씀을 너는 마음에 새기고 네 자녀에게 부지런히 가르치며 집에 앉았을 때에든지 길을 갈 때에든지 누워 있을 때에든지 일어날 때에든지 이 말씀을 강론할 것이며 너는 또 그것을 네 손목에 매어 기호를 삼으며 네 미간에 붙여 표로 삼고 또 네 집 문설주와 바깥 문에 기록할지니라."(신 6:4-9)

우리는 어떤 믿음으로 하나님을 찾고 불러야 합니까?

하나님만을 사랑한다는 말씀을 마음에 새기고, 앉았을 때든지, 걸을 때든지, 누워 있을 때든지, 눈 떠 있는 모든 시간에 이 말씀을 되새기며 자녀에게 부지런히 가르치라고 말씀하고 있습니다.

하나님의 쉬지 말고 기도하라는 명령

"항상 기뻐하라. 쉬지 말고 기도하라. 범사에 감사하라 이것이 그리스도 예수 안에서 너희를 향하신 하나님의 뜻이니라."(살전 5:16-18)

우리가 주로 행하는 기도는 긴 문장을 만들어서 말로 구술하는 기도 방식입니다. 이것으로는 하나님께 마음을 드릴 수 없습니다.

쉬지 않고 기도할 수 없습니다. 쉬지 않고 기도하는 것은 언제나 마음 속에서 생각 속에서 하나님의 이름과 사랑을 담아서 "사랑합니다"를 부르는 것입니다. 쉬지 않고 부르는 기도는 신앙과 생활의 습관이 들이도록 훈련해야 합니다.

걸어갈 때는 발을 한 발 디디면서,

"예수님!"

다른 발을 디디면서,

"사랑합니다!"

"하나님 사랑합니다!"를 부르는 것입니다.

마음과 생각 속에 언제나 예수님을 두는 것입니다.

하나님, 하나님,

예수님, 예수님,

성령님, 성령님, 사랑합니다.

다시 다른 발을 한 발 디디면서,

"하나님!"

다른 발을 디디면서,

"내게 와 주세요!"

숨을 내어 쉬면서

"하나님 사랑합니다."

맥박이 뛰듯이 하나님을 사랑하는 마음으로 부르고 나의 소망을 담아내는 것입니다. 집에서도, 일터에서도, 일어나면서도, 걸어가면서도 언제나 나의 마음과 생각 속에 하나님을 두는 것입니다. 하나님과 대화하는 것입니다.

"하나님 사랑합니다. 성령님 내게 와 주세요. 내 마음을 다스려 주세요. 나의 왕이신 예수님 나를 다스려 주세요. 나를 통치해 주세요. 하나님 아버지 나를 긍휼히 여겨 주세요. 불쌍히 여겨 주세요."

이 정도면 아주 충분하고 쉬지 않고 기도할 수 있는 단어와 문장들입니다.

하나님을 사랑하는 마음을 담아서 매일 매 순간, 다른 생각으로 번민할 때마다, 생각이 없을 때마다 나의 마음이 하나님 외의 것에서 떠돌지 않도록 하나님께 나의 마음을 드리는 기도를 해야 합니다.

매일 부르는 것입니다. 마음에 새기는 것입니다. 언제든지 기도하는 것입니다. 하나님과 우리가 함께 호흡하듯이 같은 생명처럼.

"예수님~ 예수님~ 사랑해요~ 사랑합니다~" 부르는 것입니다.

하나님이 원하시지 않는 나쁜 생각이 들어오고 하나님께 기도하지 못하게 집중을 방해하는 악한 영들은 예수 보혈로 쫓아내는 것입니다.

"예수 보혈~ 예수 보혈~ 예수 피~ 예수 피~"

예수 그리스도께서 십자가에서 흘리시는 피를 가슴에 생각하며

"예수 보혈에 의지하여 명령하니 나쁜 생각을 넣어 주는 영들은 즉시 나갈지어다"라고 외치는 것입니다.

하나님의 뜻 안으로 들어가는 기도를 해야 합니다. 하나님은 우리의 기도를 아주 흠향하시는 것을 알기에 도전해야 하는 것입니다.

성경은 말씀과 기도입니다. 기도의 구체성은 하나님을 사랑하는 것입니다.

하나님께 어떤 사랑으로 쉬지 않고 보여 주실 수 있습니까?

오직 하나님을 사랑하는 기도를 하는 것이 바른 기도의 길입니다. 그리고 기도의 사람이 되면 결국은 자기의 유익이 되는 것입니다.

지금처럼 신앙이 혼잡하고 진리를 알기 어렵게 유혹하는 이런 시대에는 신앙인 모두가 하나님이 원하시는 방향으로 길을 내고 그 길에 서 있어야 합니다.

자기를 부인하고 자기 십자가를 지는 신앙은 쉬지 말고 "예수님 사랑합니다!" "예수 보혈" 부르는 기도에서 시작되어야 합니다. 사람의 죄 된 성품과 그와 관련된 본성의 요소들은 사라지고 예수 그리스도의 거룩한 성품과 그 사랑으로 채워 가야 합니다.

오늘도 그런 기도로 하루를 보내고 있으신가요?

얼마만큼 "하나님 사랑합니다!"를 부르며 그 기도를 실행했는지를 점검하고 이러한 쉬지 않고 기도하는 기도의 사람의 되어야 하겠습니다.

예수 그리스도가 마음을 통치해 주길 바라는 기도

예수님의 제자들 중에서 누구도 현재의 삶을 즐긴 사람은 없습니다. 모두 하나님이 보여 주시는 영의 세계를 소망하며 예수님을 전하는 삶의 치열한 경주를 벌였습니다.

사탄은 우리를 하나님의 나라에서 떼어 놓기 위하여 우는 사자와 같이 역사하고 있습니다. 그리고 예수님은 십자가를 지시기 전 겟세마네 동산에서 땀이 피가 되는 혼신의 기도로 하나님을 찾고 부르는 전심의 기도를 가르쳐 주셨습니다.

우리는 예수 그리스도께서 우리와 함께하시고 우리를 성령으로 통치하여 주시기를 전심으로 쉬지 말고 기도해야 합니다. 그런 기도의 훈련으로 이 세상을 이기며 살아가야 합니다.

예수 그리스도는 말씀하셨습니다.

"아버지가 일하시니 나도 일한다."

예수님은 아브라함과 이삭과 야곱에게 약속하신 믿음의 법을 우리에게 주시기 위하여 십자가를 마다하지 않으셨습니다. 예수의 피로 영원한 제사를 받으신 하나님은 우리의 죄를 간과하며 보시지 않으십니다.

그러나 그것은 경건의 연습을 하고 믿음의 훈련을 하는 제자로서의 삶을 사는 이들에게 해당되는 것입니다. 영생의 나라를 보고 죄와 싸우며 자신의 자유 의지를 예수 그리스도의 영광을 위해 치열하게 살아 내는 사람들에게 적용되는 것입니다.

우리 안에 오신 성령님은 십자가를 지는 예수 그리스도의 영이며 십자가로 보내는 하나님 아버지의 영입니다. 따라서 그 성령으로 인해 우리가 하나님 아버지와 예수 그리스도의 마음을 알 수 있으며 예수 그리스도의 마음으로 살아갈 수 있습니다.

하나님은 우리에게 이천 년이란 긴 시간을 성경을 통하여 말씀하셨습니다.

교회에 출석하고 영접 기도를 하면 성령이 성도에게 오셨다고 설명합니다. 그러나 교회에 나오고 주일을 지키고, 십일조를 내고, 교회 봉사를 잘하는 것과 같은 외적인 행위로 성령의 사람이 되는 것이 아닙니다.

사람들은 대개 율법과 자기 합리화의 틀에 갇혀 있으며 그러한 육체적인 관점으로는 영적인 세계를 이해하기 어렵습니다. 우리는 하나님의 고난의 십자가를 함께 지려 하지 않고, 오히려 자신에게 유리한 부분만을 선택하여 하나님을 이해합니다. 예를 들어, "하나님은 사랑이시며, 우리의 기도에 응답하신다."라는 식으로 자신이 원하는 대로 하나님을 해석합니다.

그러나 이런 질문이 생깁니다. 하나님이 예수님을 십자가에 보내신 이유가 단순히 우리가 기도하는 모든 것에 응답하기 위함일까요? 또한, 이스라엘의 예루살렘 성전이 그 역할을 제대로 수행하지 못했기에 하나님이 많은 교회를 세우고 이제는 예배당을 성전으로 부르게 하고 세우셔야 했던 것일까요? 이러한 질문들은 우리가 하나님의 뜻과 성령의 진정한 의미를 깊이 이해해야 한다는 것을 시사합니다.

역사를 움직이는 것은 하나님이시고 영의 나라의 왕은 예수 그리스도임을 말씀하십니다.

세상 나라는 그들이 세운 나라와 왕이 있으나, 실제로는 사탄이 왕 노릇을 하고 있다고 말씀하십니다. 세상에 속한 사람들에게 영의 주관은 사탄에게 있습니다.

그들의 영은 육체의 죽음과 함께 영원한 사망에 이르게 됩니다. 살아서 사탄의 권세를 따른 자, 즉 세상이 주는 안목의 정욕, 육체의 정욕, 이생의 자랑으로 산 자는, 사탄의 주권하에 있는 자로서 하나님의 심판을 면할 길이 없습니다. 그 심판은 영생의 심판으로 돌이킬 수 없는 것입니다.

그래서 율법과 육신으로 사는 역사로서 이스라엘 민족을 통해 성경의 기록으로 구약에 남기신 것입니다.

하나님의 새 언약은 우리의 죄를 간과해 주시기 위해 십자가에서 죽음을 택하신 하나님의 아픔과 고난이 우리의 삶의 고난보다 크시다는 것을 보여 주시기 위한 성경의 기록입니다.

하나님이 먼저 자신을 죽이는 십자가의 마음으로 사랑과 은혜를 베푸시며, 예수 그리스도를 통해 구원의 문을 열어 놓으면서, 오로지 하나님께 기도하며 하나님의 은혜와 감사 속에서 하나님만을 사랑하라고 말씀하는 기록이 새 언약의 말씀인 것입니다.

이것은 사람을 향한 하나님의 마음에 합한 애타는 기도를 하라는 하나님의 부르짖음입니다.

구약의 이스라엘 민족이 하나님의 거대한 이적을 보았음에도 불구하고 그들은 하나님의 말씀을 지키는 계명에서 돌아서고 말았습니다. 하나님이 그들에게 수많은 선지자를 보내어 경고했지만 그들은 하나님을 사랑하지 않게 되었습니다.

이미 육신의 죄성을 가진 사람들에게 율법은 지킬 수 없는 것이었습니다. 자기를 최우선시하는 사람이 하나님을 먼저 사랑한다는 것은 가능한 것이 아니었습니다. 하나님의 말씀을 붙잡고 믿음으로 살아가는 것은 현실을 살아가는 사람에게는 어려운 일입니다.

하나님이 아브라함과 다윗을 내세우는 것은 그들이 대표적인 믿음의 사람이기 때문입니다. 다윗도 하나님께 왕으로 기름 부음을 받고도 무려 십오 년이라는 세월을 사울의 칼날을 피해 다녔습니다. 일반적으로 상상할 수 없는 고난입니다. 솔로몬 이후 나라는 분열되고 왕들이 하나님을 떠나 결국 나라는 멸망합니다. 이스라엘의 통일 왕국은 겨우 백이십 년이었습니다.

하나님은 인간의 죄악과 미련한 영적 사고에 대해 이스라엘 민족을 모델로 기록하셨습니다.

역사의 기록을 통해 하나님이 존재하고 역사를 주관하신다는 것을 알려 줄 필요가 있었던 것입니다.

율법적인 신앙은 하나님이 말씀하신 계명을 자신의 의지와 결심으로 지키는 것을 말합니다.

구약은 하나님이 명령하신 율법을 지키지 못한 사람들의 기록입니다. 이스라엘 민족이 지키지 못한 것이 아니라 사람으로는 계명을 지킬 수 없다는 것을 말씀하시는 기록입니다.

긍정적인 생각을 가져라.
마음먹은 대로 될 것이다.
의지가 중요하다.
꿈꾸는 대로 된다.

사람들의 전형적인 인본주의 사고방식입니다.

사람의 의지는 대단합니다. 지금의 번영과 문화는 훌륭한 사람들이 만들었습니다. 그래서 사회에서 성공하고 부유한 삶을 살 수 있었습니다. 어려운 환경과 아픔을 이겨 낼 수 있었습니다. 실패하고 다시 일어설 수 있었습니다. 모두 좋은 대학에 가기 위해, 좋은 직장을 잡기 위해 자기와 자기의 시간을 투자합니다.

그러나 하나님이 원하시는 선함과는 다른 것입니다. 이런 성공으로는 하나님이 원하시는 하나님을 사랑하라는 하나님의 명령을 준행할 수 없습니다. 세상 성공은 하나님을 떠나게 하는 조건이 됩니다.

우리의 시간을 조금만 돌아보면 어려웠던 그때가 행복했다고 말합니다. 그러나 지금 번영의 시대에 모든 것을 가진 젊은 세대는 좌절합니다. 마음이 병들기 시작합니다. 물질은 번영을 약속하지만 마음을 병들게 합니다.

하나님은 하나님만을 사랑하면 세상의 성공도 주십니다. 그러면 그 은혜로 오직 하나님께 영광을 돌려야 합니다. 남과 비교할 필요가 없습니다.

하나님을 사랑하고 다른 사람을 사랑하게 하는 마음을 주십니다. 하늘의 백성으로서 이 땅에서 천국을 소유하고 하나님의 나라로 살 수 있는 그리스도의 마음이 심기는 것입니다. 예수 그리스도가 주시는 마음으로 생각이 변해야 하늘나라에 갈 수 있는 것입니다.

그래서 하나님은 쉬지 말고 기도하라는 명령을 하십니다. 생각을 하나님께 고정시키라는 것입니다. 이것이 하나님의 마음을 가진 사람이 갖는 최고의 평안이고 안식입니다. 그래서 그리스도의 제자 된 이들이 세상에 두려움과 걱정 없이 삶을 살아 내는 것입니다. 하나님이 천국의 삶을 여기서 살게 하시는 것입니다.

그런 삶의 반석은 기도와 말씀입니다. 세상 기도와 세상 말씀이 아닙니다. 우리의 마음과 생각에 그리스도의 법을 기록해서 예수님이 주시는 마음으로 살게 해 주신다는 하나님의 말씀을 믿는 기도가 되어야 합니다.

하나님이 아브라함과 이삭과 야곱에게 하신 언약은 하나님의 방식으로 우리에게 성령을 주신다는 것입니다. 우리에게 성령을 주셔서 하나님의 성전이 되게 하고 하나님의 교회가 되게 해 주신다는 맹세입니다. 그래서 우리는 성령을 받아야 합니다. 믿음으로 성령을 받는 것입니다.

하나님과의 교제는 영적인 통로인 기도 외에 무엇이 있겠습니까?

하나님은 예수 그리스도가 광야에서 시험을 받을 때, 사탄이 이 세상의 임금이고 주관자임을 알려 주셨습니다. 그래서 예수 그리스도의 사역 중 가장 많은 일이 귀신을 쫓아내는 것이었습니다. 귀신도 예수가 하나님의 아들인 것을 알고 있습니다.

사람들이 죄짓는 근본 바탕에 사탄의 영적인 존재가 있음을 밝혀 주셨습니다. 사탄은 하나님한테 부여받은 그 권세로 이 땅을 움직이고 있었습니다.

하나님을 사랑하면 영적 존재인 사탄의 강력한 저항을 받습니다. 하나님께 기도하면 영적 존재인 사탄이 미혹합니다.

하나님이 주신 예수 그리스도의 이름이 아니면 사탄을 이길 수 없습니다. 예수 그리스도가 보내 주시는 성령이 아니면 하나님의 성전이 될 수 없습니다.

진리의 성령 하나님이 아니면 영적인 세계를 인식할 수 없습니다. 사람이 사는 세상에 하나님이 강력하게 임재하시겠다는 것입니다.

예수 이름을 아는 것과 예수 이름을 마음에 새겨 생각에 기록하여 주시는 하나님의 성령으로 이기는 것은 본질이 다릅니다.

예수 그리스도가 우리의 머리가 되신다는 것은 성령님이 내 마음을 움직이시고 내 생각을 주관하시겠다는 것입니다. 이것은 고도의 훈련이 필요합니다. 우리의 자의식을 하나님께 맡기는 훈련이 있어야 합니다.

이것이 쉬지 않는 기도 훈련입니다.

이러한 기도로 어떻게 바꾸어 나갈 것입니까?

하나님께서 모든 것을 주관하신다는 믿음이 있으면 됩니다.

아브라함이 이삭을 제물로 내어 드리는 결정을 하게 된 것은 하나님이 이삭을 돌려보내 주실 것이라는 믿음이 있었기 때문입니다.

하나님은 아브라함, 이삭, 야곱처럼 우리의 믿음을 성장시켜 주실 것입니다. 그리하여 우리는 기뻐하며 감사하며 예수 그리스도를 사랑하는 삶으로 살아가게 될 것입니다.

예수님은 내 살을 먹고 내 피를 마시는 자는 내 안에 있고 나도 그의 안에 있을 것이라고 했습니다. 내 살을 먹고 내 피를 마시는 자는 영생을 가졌고 마지막 날에 그를 다시 살리신다고 했습니다.

십자가에 달리신 예수 보혈의 능력으로 기도에 집중하는 것을 막는 사탄을 이기라는 말씀입니다. 기도가 하기 싫고 기도가 집중되는 것을 막아서는 사탄의 미혹을 깨닫고 예수 피를 부르는 것입니다.

요한복음의 말씀을 되새겨 봅니다.

"내 살을 먹고 내 피를 마시는 자는 영생을 가졌고 마지막 날에 내가 그를 다시 살리리니, 내 살은 참된 양식이요 내 피는 참된 음료로다. 내 살을 먹고 내 피를 마시는 자는 내 안에 거하고 나도 그의 안에 거하나니."(요 6:54-56)

하나님을 찾지 않는 것이 죄이며, 이러한 죄는 사탄의 유혹에 의해 생깁니다. 성경은 인류를 사탄의 죄로부터 구원하는 기록을 담고 있습니다. 사탄은 마음속에서 죄를 일으키며, 그래서 기도의 영적 전쟁은 예수님의 피를 통해 이루어집니다.

우리는 십자가에 달리신 예수님의 고난을 통해 우리의 마음을 변화시켜야 하며, 그 고난이 나의 죄로 인한 것임을 인식해야 합니다. 하나님의 마음이 우리의 마음에 들어오면, 우리는 하나님을 더욱 사랑하게 되고, 이는 세상의 죄와 싸울 수 있는 힘이 됩니다.

마음의 변화는 공짜로 주어지지 않으며, 이는 예수 그리스도를 사랑하며 살아가기 위한 기도의 중요한 부분입니다. 기도를 소홀히 하면 세속적인 생각에 휘둘려 죄를 이기지 못하게 됩니다. 사람의 마음에 영향을 미치는 존재가 있기 때문에 기도의 영적 전쟁은 가볍게 여길 일이 아닙니다. 이러한 사실을 인식하고 기도의 자리로 나아가야 하며, 사탄의 유혹을 이겨 내는 삶을 살면서 영생의 상을 받을 수 있습니다.

십자가에 달리셔서 살이 찢기고 많은 피를 흘리시는 예수 그리스도를 생각해야 합니다. 예수 피를 부르는 기도는 모든 악한 생각을 주는 사탄을 이기는 능력이 있는 것입니다.

하나님이 죄를 씻어 주시고 나의 죄를 덮어 주시는 것입니다. 이것을 알고 집중하여 기도할 때 진리의 성령을 보내 주시는 것입니다.

진리의 성령이 나의 죄를 보게 하고 나의 죄를 회개하게 하는 마음의 할례는 이런 때에 같이 부어 주시는 것입니다. 우리는 죄를 멀리할 수 있게 되며 죄와 싸울 수 있는 기도의 사람이 되는 것입니다.

사탄은 기도를 방해하고 우리는 그것이 사탄의 미혹임을 알았다면 이제는 기도의 자리에서 하나님을 부르는 것입니다.

"하나님 사랑합니다" 쉬지 않고 불러야 하는 기도입니다. 이 땅의 것을 구하는 기도가 아닙니다. 내 소망의 성취를 바라는 기도가 아닙니다.

지금 쓰러져 계십니까? 지금 아프십니까? 지금 앞이 보이지 않으십니까?

하나님께 내 모든 것을 내어 드릴 수 있는 절호의 기회입니다. 하나님 나라 백성으로 살아갈 수 있는 기회입니다. 예수님의 제자가 될 수 있는 기회입니다.

우리의 왕은 예수님이시고 나의 주권자도 예수님입니다. 사람의 생각을 버리고 하나님의 성령이 내 마음을 주관하셔야 내 마음이 바뀌어 거듭날 수 있습니다. 신앙은 하나님의 십자가 마음을 알고 쉬지 않는 기도를 할 때 하나님이 통치해 주시는 하나님 나라가 세워지는 것입니다.

죄와 싸우는 기도의 이유

하나님의 숭고한 사랑의 표현인 십자가에서 흘리시는 고난의 살과 피가 지금의 교인들에게 어떤 영향을 미치고 있습니까?

그들의 삶이 변화되고 생각이 바뀌고 마음이 예수에 대한 은혜와 사랑으로 자기를 부정하고 십자가를 지는 삶과 기도로 하나님의 자녀라 칭할 만한 이들이 얼마나 될 수 있겠습니까?

세상은 부도덕과 부조리 속에서 사람들은 자기중심적으로 살아가고 있으며, 이러한 삶은 만족이나 확신을 주지 못합니다. 우리가 삶에서 죄와 거짓을 인식할 때, 주 예수 그리스도의 진리로 나아갈 수 있는 길을 찾을 수 있습니다.

모든 사람은 믿든 믿지 않든 인생의 상처와 아픔을 지니고 있습니다.

우리는 현재 교회와 성도, 목회자의 신앙을 점검하며, 우리의 신앙이 이기심에 뿌리를 두고 있는지, 올바른 영성 위에 서 있는지를 살펴봐야 합니다. 또한, 주님의 뜻 안에서 우리가 성장하고 있는지, 성령의 열매를 맺고 있는지 성찰해야 합니다.

우리 안에 자리한 이기심과 그것을 이용하는 악한 영들은 우리가 쉽게 인식할 수 없는 존재이므로, 이러한 영적 싸움에서 승리하기 위해서는 더욱 주의하고 경계해야 합니다.

하나님이 십자가의 피를 흘리시는 십자가의 마음을 알고 죄는 자기 본성으로부터 타고 온다는 것을 알아야 이기는 기도를 하고 마귀가 몰고 오는 온갖 상처와 고난에서 벗어날 수 있게 되는 것입니다. 쉬지 말고 부르는 예수 이름과 예수 보혈로 쫓아내고 회복해야 하는 것입니다.

십자가의 예수의 피가 내 죄를 대신하시는 보혈의 피임을 알고 예수 피를 마음의 할례로 받으며 예수 보혈로 대적의 기도를 해야 하는 것입니다. 교회가 죄가 없다고 대속의 선언을 하니 자기의 죄성에 대한 회개도 죄에서 돌아서는 기도도 예수 피의 권능으로 귀신을 대적하지 못하고 그대로 당하고 사는 것입니다. 고난이 와서 부르짖을 때는 이미 떠내려간 수십 년의 삶은 찾을 수 없습니다.

기도의 능력을 알고 죄와 싸워 이기는 기도가 있어야 하는 것입니다. 삶의 평범함 속에서 기도를 통하여 하나님의 신앙이 지속될 때 하나님은 역사하시는 것입니다.

하나님을 향한 영성의 신앙은 율법의 신앙으로 흘러가지 않도록 하나님을 사랑하는 기도 안에서 끊임없이 자신을 돌아봐야 합니다.

사람은 율법으로 사회를 통제하는 법률에 익숙해져 있기 때문에 교회에서도 규칙과 규례에 얽매여 지나치게 관습을 중요시하게 됩니다. 이러한 율법이 자라게 되면 비판, 비난, 정죄, 파당, 수군거림 등이 나오게 됩니다.

율법은 생각을 육신 안에 가두게 합니다.

기도 시간에 회개의 기도가 필요하지만 회개를 육신의 문제로 지나치게 해석하면 자기의 육체를 해하게도 할 수 있습니다. 죄의 문제를 자신의 육신의 문제로 돌리기 때문입니다.

중세 시대에 자신의 육체에 피가 나도록 때리고 채찍을 가하며 회개를 한 일도 많이 있습니다. 이것은 사탄이 주는 미혹의 문제입니다. 회개는 영적인 문제이지 육체가 주는 죄책감이 아닙니다.

우리가 회개의 기도를 하지 않으면 죄의 본성은 살아나게 됩니다. 그래서 회개는 진정성을 담고 기도해야 합니다. 너무나 부족한 저의 죄성을 긍휼히 여기시고 언제나 예수 보혈로 예수 이름으로 죄를 대적하게 해 달라고 기도하면 됩니다.

삶에서 죄의 문제가 보이기 시작할 때는 "예수 보혈, 예수 피"를 외치면서 죄를 넣어 주는 미혹의 영들을 쫓아내면 됩니다. 마귀를 대적하여 이기는 자가 되고 부지불식간에 지은 죄는 그날그날의 기도에서 회개하면 되는 것입니다.

율법에 기반한 신앙은 육체적 복종을 유도하는 반면, 자유로운 신앙은 방종의 위험성을 내포하고 있습니다. 율법적 신앙에 익숙한 신자들이 영적인 성숙을 이루기 위해서는, 주님의 십자가에서 주어지는 새 언약의 본질을 깊이 탐구하는 것이 필수적입니다.

하나님을 사랑하는 기도의 영성이 중요한 이유는, 하나님이 십자가를 지신 그 긍휼과 애통함을 통해 마음의 할례를 받고, 이에 따라 인간의 영혼에 대한 불쌍히 여기는 마음을 발전시킬 수 있기 때문입니다. 이를 통해 신앙인은 선함, 거룩함, 겸손을 바탕으로 이웃을 살피고 돌보아야 합니다.

새 언약이 주는 하나님의 십자가 마음을 생각에 기록하고 예수의 십자가를 마음에 할례로 새기며 쉬지 말고 "하나님 사랑합니다", "예수님 사랑합니다"라고 기도해야 합니다. 육신을 갖고 이 세상을 살아가는 우리가 세상이 주는 미혹과 본성의 죄에서 떠날 수는 없지만 죄와 싸울 줄은 알아야 합니다. 죄가 들어옴을 인지하고 예수의 이름으로 예수의 보혈로서 대적할 수 있어야 합니다.

그래서 쉬지 않는 기도를 하는 것이고 성령 하나님이 내주하는 통치를 간구하는 것입니다.

하나님을 사랑하는 기도는 신앙인의 발판이고 지주이고 기둥입니다. 성령이 내주하는 마음과 생각의 통치는 내 마음을 비워 드리는 것입니다. 기도가 없는 비움은 없습니다. 내 마음속에 사랑하는 하나님이 들어오게 하는 기도자가 되어야 하는 것입니다.

간절한 사모의 기도로 나를 통치하시는 하나님의 왕국이 세워질 때 마귀는 떠나고 가정과 개인의 삶의 회복과 이해는 사랑으로 나타나게 될 것입니다.

하나님의 영광과 경건의 연습으로 성령이 내주하는 기도훈련

하나님의 영광은 무엇입니까?

그리고 나의 영광은 무엇입니까?
하나님의 영광은 "나"이고,
나의 영광은 "하나님"이어야 합니다.

"그가 너로 말미암아 기쁨을 이기지 못하시며 너를 잠잠히 사랑하시며 너로 말미암아 즐거이 부르며 기뻐하시리라 하리라."(습 3:17)

우리가 무엇으로 하나님을 기쁘게 할 수 있습니까?
전능자이신 하나님께 우리는 어떤 것으로도 하나님을 기쁘게 할 수 없습니다.
하나님이 기뻐하시는 것은 하나님을 사랑하는 것입니다. 하나님의 이름을 부르고 하나님께 "사랑합니다" 고백하는 것입니다.
하니님은 이 기도를 쉬지 말고 하라고 명령하고 계십니다.

이러한 기도는 부단한 경건의 연습으로 하나님이 바라시는 기도로부터 시작합니다.
아브라함, 이삭, 야곱은 하나님의 이름을 부르는 기도의 제단을 쌓았습니다.

여호와의 이름을 부르더니(창 12:8, 창 26:25, 창 35:3)
하나님의 이름을 부르며 오로지 기도에 힘써야 합니다.
"오로지 기도에 힘쓰더라."(행 1:14)

하나님의 이름을 부르며 하나님의 나라와 하나님의 의가 내 마음과 생각을 주관하게 해야 합니다.

"먼저 그의 나라와 그의 의를 구하라 그리하면 이 모든 것을 더하시리라."(마 6:33)

하나님의 이름을 부르며 성령 하나님이 마음에 오시기를 구하고 찾고 두드려야 합니다.

"온 마음으로 나를 구하면 나를 찾을 것이요 나를 만나리라."(렘 29:13)

하나님의 이름을 부르며 마음과 뜻과 힘을 다하여 사랑을 선포해야 합니다.

"너는 마음을 다하고 뜻을 다하고 힘을 다하여 네 하나님 여호와를 사랑하라."(신 6:4)

하나님의 이름을 간절히 부르며 예수 그리스도의 십자가 흘리신 피가 내 마음에 새겨져야 합니다.

"예수께서 고뇌에 차서 더욱 간절히 기도하시니, 땀이 핏방울같이 되어서 땅에 떨어졌다."(눅 22:44)

하나님을 부르는 기도는 언제 어디서나 형식에 얽매임이 없이 불러야 합니다.

"너는 마음을 다하고, 뜻을 다하고, 힘을 다하여, 주 너희의 하나님을 사랑하여라. 집에 앉아 있을 때에도, 길을 갈 때에도, 누워 있을 때에도, 일어나 있을 때에도 이 말씀을 마음에 새기고 자녀에게 가르쳐라."(신 6:5-6)

하나님을 사랑하는 마음을 갖고 집중해서 계속 "하나님 사랑합니다" 하고 부르셔야 합니다.

"네 마음을 다하고 목숨을 다하고 뜻을 다하여 주 너의 하나님을 사랑하라."(마 22:37)

예수 그리스도의 십자가 고난을 마음에 새기며 골방에서는 전심으로, 사람이 붐비는 곳에서는 마음으로, 생각에 새기며 예수 이름을 불러야 합니다.

"예수님 사랑합니다"

이렇게 기도하는 것이 쉬지 않고 기도하는 것입니다. 하나님의 이름을 부르며 쉬지 않고 기도하는 연습을 해야 합니다.

"쉬지 말고 기도하라."(살전 5:17)

쉬지 않고 기도하는 것은 언제나 마음속에서 생각 속에서 예수 이름을 전심으로 부르는 것입니다.

하나님을 부르는 것입니다.

"하나님 사랑합니다"를 고백해야 하는 것입니다.

하나님의 이름은 하나님, 하나님 아버지. 예수님, 성령님입니다.

하나님, 하나님을 계속 마음에서 집중하며 "사랑합니다"라고 부릅니다.

예수님, 예수님을 계속 마음에서 집중하며 "사랑합니다"라고 부릅니다.

성령님, 성령님을 계속 마음에서 집중하며 "사랑합니다"라고 부릅니다.

예수 그리스도의 이름으로 보내 주시는 진리의 성령님, 내게 와 주시어 나의 마음을 다스려 주세요.

하나님 아버지시여, 예수 그리스도시여, 성령 하나님이시여.

성령 하나님 제게 마음의 할례로 그리스도의 아픔에 참여하게 하여 주시옵소서.

성령이 제게 오시어 나의 마음과 생각을 통치해 주시옵소서.

하나님의 임재가 지금 제 마음에 임하고 있음을 깨닫는 마음을 주시옵소서.

나의 생각과 마음의 모든 것이 오직 예수 그리스도 한 분으로 만족하는 삶을 주시옵소서.

나의 왕이신 예수님 나를 다스려 주세요. 나를 통치해 주세요.

하나님이 저의 왕이시오니 내 마음을 다스려 주시옵소서.

하나님 아버지 나를 긍휼히 여겨 주세요. 불쌍히 여겨 주세요.

성령 하나님 진리의 성령으로 하나님이 말씀하시는 선악을 분별하게 하여 주시옵고 사탄의 미혹을 예수 이름으로 이기게 하옵소서.

간절함을 안고 전심으로 기도합니다.

다른 생각이 들어올 때는 사탄의 미혹임을 인지하고 예수 그리스도가 십자가에서 살과 피를 흘리시는 장면을 생각하면서 예수 피, 예수 보혈을 외치며 사탄이 주는 잡생각을 무력화시키며 계속 기도해야 합니다.

간단하고 단순하고 명료하게 부르고 기도해야 쉬지 않는 기도가 이어질 수 있습니다. 쉬지 않는 기도는 이렇게 꾸준하게 기도의 훈련을 해야 합니다.

기도에 집중하고 집중이 흩어지면 예수님이 십자가에서 고난의 피를 흘리시는 모습을 떠올리고 "예수 피, 예수 보혈"을 외쳐야 합니다. 예수 그리스도가 "내 피를 마시고 내 살을 먹는 자는 영생을 가졌다"라고 하신 말씀은 사탄을 이기는 생명임을 알아야 합니다. 예수 이름으로 명하노니 기도를 방해하는 사탄과 귀신은 나갈지어다 명령해야 합니다. 마음과 생각의 상태를 잡념이나 공상, 허무나 허탈에 두지 말아야 합니다. 우리의 왕 되신 예수 그리스도의 십자가 아픔과 그 슬픔을 참아 내신 하나님 아버지께 감사하는 마음으로 하나님을 사랑하며 살아가야 합니다.

진리는 하나님을 사모하는 마음으로 말씀과 기도에 나아갈 때 하나님께서 열어 주십니다. 하나님은 우리에게 사랑을 베푸셔서 교회로 나아오게 마음의 문을 열어 주셨습니다. 그러나 기도는 스스로의 결단과 나태한 육체를 치는 치열함의 자유 의지로 실천해야 합니다. 하나님이 대신 믿음을 주시어 기도하게 하는 것이 아닙니다. 우리가 기도의 자리에 나아가면, 하나님께서 성령의 문을 열어 주십니다. 기도의 자리를 사모하게 하여 주십니다.

하나님의 생명으로 자라나는 것은 하나님을 향한 우리의 결단과 기도에서 시작됩니다. 성경을 읽고, 하나님께 성령의 내주를 간구하며 그분이 우리 마음과 생각에 임하시기를 구할 때, 성령께서 내주하시기 시작합니다. 그렇게 우리의 마음은 변화하고, 결실을 맺게 되며, 하나님은 반드시 응답하시겠다고 약속하셨습니다. 그 응답은 우리를 거듭나게 하십니다.

거듭남은 새 언약의 일꾼으로 성령의 열매를 맺는 하나님의 자녀가 되는 것입니다. 살아 있는 하나님의 성전이며 예수 그리스도가 머리가 되는 교회가 되는 것입니다.

믿음은 보이지 않는 죄와 싸워 이기는 것입니다.

하나님이 주시는 성령을 받기 위해 기도에 힘쓰면 하나님이 이기게 하여 주시는 것입니다.

성령도 공짜, 은혜도 공짜, 기도의 힘도 공짜로 주는 것이 아닙니다. 그것은 하나님께 간구해야 주시는 것입니다.

성령 하나님을 감정과 감성으로 느끼지 않고, 내 안에 거하셔야 하나님의 나라가 내게 이루어지는 것입니다. 성령은 그냥 표적이나 표식이 아닙니다. 성령은 하나님의 본체입니다.

단순히 교회에 나온다고 해서 하나님이 내 안에 임하신다고 할 수는 없습니다. 교회로 인도받는 것은 시작일 뿐이며, 성령의 내주하심은 경건한 훈련과 연습을 통해 이루어집니다. 종교 지도자들조차 거짓 영의 미혹을 받을 수 있기 때문에 더욱 주의가 필요합니다.

예수님의 이름으로 살아간다는 것은 단순히 교회에 다니는 것만으로는 충분하지 않습니다. 신앙생활은 스스로 기도하고 성경을 읽으며 하나님께 나아가는 결단이 필요합니다. 이렇게 할 때 하나님께서 응답해 주십니다.

성경을 알지 못하면 하나님의 말씀을 이해할 수 없습니다. 세상의 영광을 구하는 기도는 때로 사탄도 응답할 수 있습니다. 예수님께서 광야에서 시험받으실 때, 사탄이 세상의 모든 영광을 주겠다고 유혹한 것처럼, 하나님의 응답과 사탄의 응답을 혼동할 위험이 있습니다.

예수 그리스도가 보내 주시는 성령이 내 안에서 말씀하시는 하나님의 음성을 알아들어야 합니다. 하나님은 성경을 벗어나는 말씀과 대답을 하지 않으십니다. 어떤 미혹의 신앙들이 우리의 믿음과 교회를 덮고 있는지 알아야 합니다. 죄와 싸워 이기는 것은 예수 이름을 마음에 새긴 사람들이 하는 것입니다.

우리의 마음과 생각을 예수께 집중하지 못하게 하는 보이지 않는 정체는 사탄의 미혹입니다.

사람의 자아가 하나님께 집중하지 못하고 세상의 죄악 속에 달려가므로, 하나님은 너무 오랜 시간을 참고 또 참으시며 자기를 죽이사 성령을 보내 주시기로 결정하셨습니다.

사람의 본성이 아담을 통해 이미 사탄에게 넘어간 이후, 하나님의 선택은 자신을 산 제사로 단번에 드리는 새 언약의 계획밖에 없었습니다. 그리고 십자가로 마음의 할례를 주시고 죄를 사하신 이후에 사람의 마음과 생각이 하나님을 흠모하게 만드시고 마음 안에 거하시며 천국에 자리를 마련하기 위하여 성전 삼으시는 것입니다.

새 언약으로 보는 성경의 말씀이 생명이 되어야 우리한테 마음으로 심어집니다. 말씀을 이해하고 말씀을 사모함이 없이 그냥 읽기만 하면 졸리고 지겨운 책일 뿐입니다. 하나님 아버지는 예수 그리스도를 통하여 말씀이 생명 되게 하셨습니다.

거듭난 사람이라는 것은 예수의 피로 마음의 할례를 받아 자신의 죄를 깨닫고 죄와 싸우는 기도와 말씀이 생명이 된 사람을 말합니다. 그 생명은 예수 그리스도가 보내는 진리의 성령입니다. 사람의 마음은 사라지고 성령이 주시는 예수의 마음으로 옷 갈아입은 사람입니다.

하나님의 영광이 내가 될 수 있도록 쉬지 말고 "하나님 사랑합니다" 부르는 삶이 되어야 합니다. 성령 하나님의 임재로 하나님의 자녀된 성령의 열매가 맺도록 부단한 경건의 훈련자가 되면 하늘의 생명책에 우리의 이름이 새겨져 있을 것입니다.

하나님의 십자가 마음으로 새 언약을 이루는 기도의 방법

1. 성경을 창세기, 구약, 신약, 종말로 나누어 하나님께서 우리의 마음에 하나님의 영을 두고자 하시는 사랑의 새 언약으로 이해합니다.

2. 하나님의 언약을 7단계로 나누어 새 언약의 중보자로 오신 그리스도의 십자가 피가 우리의 부패함의 대속을 위한 것임을 깨닫고, 성령께서 내 본성의 죄를 드러내 주시기를 기도합니다.

3. 하나님이 새 언약으로 우리 마음에 두시려는 영은 십자가의 예수님의 마음이자, 아들을 내어주신 하나님 아버지의 마음입니다. 이 피로 말씀하시는 새 언약이 우리 마음에 주어질 때 하나님의 사랑과 은혜를 깊이 체험하게 됩니다.

4. 예수 그리스도께서 십자가에서 흘리신 피가 우리의 마음을 찢는 할례로 이루어질 때 십자가의 흔적이 마음과 생각에 새겨지게 됩니다. 그렇게 되면 우리는 사탄의 유혹을 이겨 내는 기도의 신앙인이 될 수 있습니다. 우리 마음에 새겨진 그리스도의 법으로 하나님의 이름을 간절히 부르며 쉬지 않는 기도자가 되어야 합니다.

1.24.1 겟세마네 기도운동과 기도 방법

"너희는 나와 함께 한 시간도 깨어있을 수 없더냐."(마 14:37)

하나님이 원하시는 기도는 예수님이 십자가에서 흘리시는 살과 피로 채우는 기도가 되어야 합니다.

그리스도의 살과 피로 채우는 것은 예수 보혈을 외치는 기도입니다. 예수님 사랑합니다! 부르는 기도입니다.

하나님 안으로 들어가는 기도입니다.

성령 하나님이 내주하시는 기도입니다.

우리의 기도는 나의 기도에서 하나님의 은혜와 사랑을 알고 교제하는 기도로 변해야 합니다.

우리의 기도는 하나님과 교제하는 기도로 변해야 합니다.

예수님은 요한복음 6장 35절에서 내가 생명의 떡이라고 말씀하시면서 54절에 내 살을 먹고 내 피를 마시는 자는 영생을 가졌고 마지막 날에 내가 그를 다시 살린다고 말씀하셨습니다. 이어서 내 살은 참된 양식이요 내 피는 참된 음료라고 말씀하십니다.

우리가 예수 보혈을 외치고 예수 이름을 부르는 기도로 하나님이 내주 하시는 기도를 하라는 명령입니다. 이런 기도여야 쉬지 말고 기도할 수 있는 것입니다. "하나님 사랑합니다"라고 고백하는 기도를 할 수 있는 것입니다.

성도는 하나님의 뜻에 따라서 살아가는 하루 24시간 중 1시간 기도하기를 해야 합니다.

새언약학회는 이를 1일, 24시간, 1시간 기도하기라고 정하고 1.24.1 겟세마네 기도운동을 제안합니다.

마태복음 26장 36절 이하에 보시면 예수께서 제자들과 함께 겟세마네라 하는 곳에 이르러 제자들에게 이르시되 내가 저기 가서 기도할 동안에 너희는 여기 앉아 있으라 하시고 내 마음이 고민하여 죽게 되었다고 하였지만 제자들은 피곤을 이기지 못하고 잠이 들었습니다.

이에 예수님이 "너희는 나와 함께 한 시간도 기도하지 못하겠느냐"고 말씀을 하십니다.

이제 우리가 제자들이 하지 못한 한 시간의 기도를 드리는 신앙인이 되어야 하겠습니다. 예수님이 십자가를 지시기 전의 고민과 슬픔에 우리가 같이 해야 하겠습니다.

땀이 핏방울이 되어 떨어진 예수님의 기도는 우리를 살리는 기도였습니다.

우리가 하나님께 드리는 가장 소중한 신앙의 나타냄은 기도가 되어야 합니다. 그래야 우리가 하나님을 가장 사랑하라는 계명을 지키는 신앙의 사람이 될 수 있습니다.

신앙에서 가장 중요한 것은 기도와 말씀입니다.

나의 기도를 해 왔던 기도에서 예수님의 이름을 부르는 기도의 변화가 필요합니다.

우리는 하나님이 원하시는 기도를 해야 합니다.

하나님의 뜻을 따라서 살아갈 수 있는 길은 하나님의 말씀을 알고 하나님을 사랑하는 기도의 고백이 있어야 합니다.

말씀으로는 새 언약은 하나님이 지시기로 하는 십자가의 마음이라는 것을 성경은 가리키고 있다고 새 언약의 성경을 통하여 적었습니다.

기도는 이를 이루신 예수 그리스도의 보혈로 이기는 기도가 되어야 합니다.

하나님을 사랑하는 기도가 되어야 합니다. 이에 한 시간 기도의 방법을 제시드립니다. 우리가 하나님의 향기가 되는 신앙의 길을 가야 합니다.

- 한 시간 기도를 위한 방법의 제시

1. 기도 시작 처음 20분은 예수님이 십자가에서 흘리시는 피를 생각하면서 "예수 보혈! 예수 보혈!" 또는 "예수 피! 예수 피!"만을 계속 부르고 외칩니다.

예수의 피는 대속의 피이고 마귀를 이기는 피이고 귀신을 쫓아내는 피입니다. 나를 정결하게 하는 피입니다. 치유의 피이고 내 안에 검은 것들을 예수 피로 간과하게 하는 거룩한 피입니다.

그리스도의 피는 그리스도의 할례이고 내 마음을 주님께 드리는 내 마음을 찢어 세상을 이기는 마음의 할례가 되는 피입니다.

2. 다음 30분은 이렇게 나를 위해 십자가의 고난을 직접 지시고 구원의 길을 열어 주신 예수님을 바라보며 감사와 회개와 사랑을 고백하는 기도가 되어야 합니다.

"예수님 사랑합니다!

예수님 사랑합니다!"
삼위일체 하나님을 생각하면서
"아버지 하나님 사랑합니다!
성령님 사랑합니다!
사랑합니다! 사랑합니다!"를 부르는 기도입니다

"예수님 사랑합니다!"는 쉬지 않는 기도로 발전시켜야 합니다. 집에 앉아서, 길을 가며, 일어나며, 누우며, 언제나 어디서나 하나님을 사랑하는 마음의 고백을 드리는 것이 쉬지 말고 부르는 기도입니다.

3. 회개기도와 중보기도와 자기 기도는 나중에 10분 정도 할애하시거나 중간에 넣어서 하시면 됩니다. 방언도 중간에 넣어서 하시면 됩니다. 방언으로만 기도하는 것은 바람직하지 않은 기도입니다. 그것은 집중기도가 이닌 하루 중에서 혼자 길을 가면시도 인제나 할 수 있어야 합니다. 쉬지 않는 기도는 성도 여러분이 길을 가면서도 앉아서도 하고 싶은 기도를 하시면 되는 것입니다. 하나님께 온전하게 드리는 1.24.1 기도 시간에는 하나님께만 집중하여야 합니다. 마귀를 이기고 승리를 올리는 시간입니다. 하나님께 사랑을 고백하고 향기의 시간으로 구별되어 드리는 기도입니다.

예수 보혈!
예수님 사랑합니다!

이 두 가지 단어가 기도의 핵심 키워드입니다.

하나님이 기뻐하시는 기도입니다. 계시록 5장 8절에 어린 양 앞에 엎드려 각각 거문고와 향이 가득한 금 대접을 가졌으니 이 향은 성도의 기도들이라고 하였으며 또한 8장 4절에서도 향연이 성도의 기도와 함께 천사의 손으로부터 하나님 앞으로 올라간다고 말씀하고 있습니다.

오늘 하루가 하나님 앞에 향기가 되는 한 시간을 가져야 합니다.

막 14:37 돌아오사 제자들의 자는 것을 보시고 베드로에게 말씀하시되 시몬아 자느냐 네가 한시 동안도 깨어 있을 수 없더냐

마 26:36 이에 예수께서 제자들과 함께 겟세마네라 하는 곳에 이르러 제자들에게 이르시되 내가 저기 가서 기도할 동안에 너희는 여기 앉아 있으라 하시고
마 26:37 베드로와 세베대의 두 아들을 데리고 가실새 고민하고 슬퍼하사
마 26:38 이에 말씀하시되 내 마음이 심히 고민하여 죽게 되었으니 너희는 여기 머물러 나와 함께 깨어 있으라 하시고
마 26:40 제자들에게 오사 그 자는 것을 보시고 베드로에게 말씀하시되 너희가 나와 함께 한 시 동안도 이렇게 깨어 있을 수 없더냐
마 26:41 시험에 들지 않게 깨어 있어 기도하라 마음에는 원이로되 육신이 약하도다 하시고

눅 22:39 예수께서 나가사 습관을 좇아 감람산에 가시매 제자들도 좇았더니
눅 22:40 그곳에 이르러 저희에게 이르시되 시험에 들지 않기를 기도하라 하시고

눅 22:42 가라사대 아버지여 만일 아버지의 뜻이어든 이 잔을 내게서 옮기시옵소서 그러나 내 원대로 마옵시고 아버지의 원대로 되기를 원하나이다 하시니

눅 22:44 예수께서 힘쓰고 애써 더욱 간절히 기도하시니 땀이 땅에 떨어지는 피방울 같이 되더라

요 6:48-50 내가 생명의 빵입니다. 여러분의 조상은 광야에서 만나를 먹었지만 다 죽었습니다. 그러나 하늘에서 내려온 빵을 먹는 사람은 죽지 않습니다.
요 6:51 내가 하늘에서 내려온 살아있는 빵입니다. 이 빵을 먹는 사람은 누구나 영원히 삽니다. 내가 주는 빵은 내 살입니다. 세상이 그것으로 생명을 얻게 됩니다.
요 6:52 예수님께서 하신 이 말씀을 두고, 유대인들 사이에 논란이 일었다. "이 사람이 어떻게 자기 살을 우리에게 먹으라고 내어준다고 하느냐?"
요 6:53 예수님께서 다시 말씀하셨다. "정말 잘 들어두십시오. 여러분이 인자의 살을 먹지 않고 인자의 피를 마시지 않으면, 여러분 속에 생명이 없습니다. (예수 자신이 생명의 근원이심을 설명하려고 이런 표현을 사용했다. 이런 의역이 가능하다. '살이 찢기고 피를 흘린 나를 믿으면, 여러분이 영생을 얻습니다')
요 6:54 내 살을 먹고 내 피를 마시는 사람은 영원한 생명을 누려야 하기에, 마지막 날에 내가 그를 살립니다.
요 6:55 내 살이 참된 양식이고, 내 피가 참된 음료이기 때문입니다.
요 6:56 그래서 내 살을 먹고 내 피를 마시는 사람은 내 안에서 살고, 나도 그 사람 안에 삽니다.

요 6:57 살아계시는 아버지께서 나를 보내셨고, 아버지께서 주신 생명의 능력으로 내가 사는 것 같이, 나를 먹는 사람도 내가 주는 능력으로 살게 됩니다.
요 6:58 나는 하늘에서 내려온 빵입니다. 여러분의 조상은 하늘에서 내려온 만나를 먹고 죽었지만, 누구든지 이 빵을 먹는 사람은 영원히 삽니다."

기도의 주요 말씀

창 13:4 그가 처음으로 제단을 쌓은 곳이라 그가 거기서 여호와의 이름을 불렀더라

신 4:29 네가 거기서 네 하나님 여호와를 찾게 되리니 만일 마음을 다하고 뜻을 다하여 그를 찾으면 만나리라

신 6:5-7 너는 마음을 다하고 뜻을 다하고 힘을 다하여 네 하나님 여호와를 사랑하라 오늘 내가 네게 명하는 이 말씀을 너는 마음에 새기고 네 자녀에게 부지런히 가르치며 집에 앉았을 때에든지 길을 갈 때에든지 누워 있을 때에든지 일어날 때에든지 이 말씀을 강론할 것이며

요 20:22 이 말씀을 하시고 그들을 향하사 숨을 내쉬며 이르시되 성령을 받으라

행 1:8-9 오직 성령이 너희에게 임하시면 너희가 권능을 받고 예루살렘과

온 유대와 사마리아와 땅 끝까지 이르러 내 증인이 되리라 하시니라 이 말씀을 마치시고 그들이 보는데 올려져 가시니 구름이 그를 가리어 보이지 않게 하더라

행 1:14 더불어 마음을 같이하여 오로지 기도에 힘쓰더라

살전 5:16-18 항상 기뻐하라 쉬지 말고 기도하라 범사에 감사하라 이것이 그리스도 예수 안에서 너희를 향하신 하나님의 뜻이니라

계 5:8 그 두루마리를 취하시매 네 생물과 이십사 장로들이 그 어린 양 앞에 엎드려 각각 거문고와 향이 가득한 금 대접을 가졌으니 이 향은 성도의 기도들이라

계 8:3-4 또 다른 천사가 와서 제단 곁에 서서 금 향로를 가지고 많은 향을 받았으니 이는 모든 성도의 기도와 합하여 보좌 앞 금 제단에 드리고자 함이라 향연이 성도의 기도와 함께 천사의 손으로부터 하나님 앞으로 올라가는지라

마치며

새 언약은 하나님의 '십자가'입니다. 십자가를 계획하신 '십자가 마음'입니다. 그러면 왜 전지전능하신 하나님 아버지가 십자가를 지실 것을 계획하시고 성자 하나님이 십자가를 지시게 되었는지 깊은 신앙의 고찰이 있어야 합니다.

우리 인간에게 스며든 자아의 본성은 예수님이 지신 그리스도의 할례로, 우리 마음에 십자가를 두는 마음의 할례만이 사탄의 미혹을 이기기 때문입니다.

이것은 하나님을 벗어나려는 일탈된 자기 본성의 죄를 자각해야만 나오는 하나님의 지혜이며 너무 깊은 사랑과 은혜입니다. 우리는 하나님의 십자가 마음이 우리 마음에 새겨질 때에 비로소 하나님이 나를 너무 사랑하신다는 마음을 느끼게 되는 것입니다.

이러한 기반 위에서 성령의 진리를 깨닫고 성령의 능력을 받아야 이 세상의 영광으로 유혹하는 사탄의 미혹에 넘어짐이 없게 되는 것입니다.

우리는 신앙의 핵심을 하나님의 새 언약인 성부의 '십자가 마음'과 성자의 '십자가'에서 찾아야 합니다.

"나는 예수님의 이름으로 주시는 진리의 성령을 따라 살고 있는가?" 라는 질문을 통해 우리의 신앙을 점검해 보아야 합니다. 하나님의 새 언약, 곧 우리 마음에 두시겠다고 하신 하나님의 영은 십자가를 지신 예수 그리스도의 영이며, 그 길을 보내신 하나님 아버지의 영입니다.

우리는 종종 십자가의 대속과 그 은혜만을 강조합니다. 그러나 하나님께서는 우리 마음에 그리스도의 피로 말씀하시며 죄에서 돌이키기를 바라십니다. 이를 받아들여 죄를 이기는 기도의 신앙으로 다시 거듭나야 합니다.

현재 교회의 문제는 하나님의 말씀과 사람의 생각을 혼합하여 서로의 목적이 엇갈리는 데 있습니다.

교회는 십자가에서 죄가 대속되어 구원이 사라지지 않는다고 가르치면서, 사람들은 자신의 죄성이나 죄를 부추기는 마귀의 존재를 인식하지 못한 채 세상에서 살던 방식과 성품을 그대로 유지하며 교회 생활을 하고 있습니다.

결국, 자기중심적인 자아와 자존을 쌓고 세상의 만족, 기쁨, 번영을 추구하면서, 잘 살고 천국에 간다는 이유로 교회에 충성하는 상황이 나타나고 있는 것입니다.

하나님께서는 "내가 너의 죄를 대속했으니 이제는 육신의 정욕을 부추기는 사탄의 미혹을 인식하고 죄와 싸우며 하나님 나라의 백성이 되라"라고 말씀하십니다.

자기중심적인 자아와 자존을 떼어 버리고, 예수님의 십자가 보혈로 죄와 싸워 이기라는 것입니다. 예수 그리스도의 진리의 신앙을 알고 자신의 자아를 부정하고, 자기 십자가를 지며 기도와 회개로 경건의 훈련을 쌓아 그리스도의 율법을 마음에 심으라는 것입니다. 내면의 가시를 버리고, 대속의 사랑을 깨달아 하나님을 가장 먼저 사랑하는 자가 되라는 뜻입니다.

서로의 목적이 빗나가면 구원의 길도 어그러지게 됩니다. 많은 사람들은 교회에 충성하고 있음에도 불구하고 하나님께서 자신의 기도에 응답하지 않는다고 불평합니다. 하나님은 "너는 여전히 예전의 모습으로 살아가며 입으로만 '주여! 주여!' 하고 있구나"라고 말씀하십니다. "네 마음의 죄성을 버리지 않고 교회 생활에만 머물고 있구나"라고 하실 것입니다.

사람들은 자신의 의견과 주장을 옳다고 생각하며 다른 사람과 비교하여 갈등을 일으킵니다. 하지만 예수님의 십자가의 피와 살로 마음의 자아를 씻고, 그 보혈을 나누는 사역과 봉사가 되어야 갈등이 사라집니다. 주님이 기뻐하시는 일을 주님의 마음에 비추어 살아가고, 내 안에 거하시길 원하시는 성령 하나님께 내 거친 마음을 내어드려야 합니다. 마음과 생각의 주관자가 성령님임을 고백하는 기도를 쉬지 않고 드리며 동행해야 합니다.

이 모든 것은 기도로 간구해야 이루어지는 일입니다. 진리의 성령은 내가 죄를 인식하고 죄와 싸우며 십자가의 마음과 피를 새기는 기도 위에서 하나님께서 부어 주시는 것입니다. 겉으로는 은혜를 입은 자와 진리의 성령을 간구하는 자의 신앙생활이 크게 다르지 않아 보일 수 있습니다.

그러나 신앙의 연륜이 쌓일수록 성령의 열매는 자기중심주의에 빠진 신앙인과 그리스도 중심의 신앙인을 분명히 구별하게 됩니다. 하나님의 구원과 천국도 마찬가지로 구분될 것입니다. 우리는 구원을 잃지 않도록 죄를 조명받고 진리의 성령을 간구하는 기도의 사람이 되어야 합니다.

이러한 깨달음은 하나님께서 주시는 죄의 조명을 통해 이루어집니다. 죄는 저절로 깨달아지는 것이 아니며, 만약 본성의 죄가 저절로 드러난다면 하나님이 십자가를 지실 필요가 없었을 것입니다.

십자가 이후의 인류는 자기 죄의 범주를 이해하지 못하고 여전히 자기 주관적인 신앙을 답습하고 있습니다. 이로 인해 마음의 할례가 없는 성령의 능력은 자만과 과신으로 흐르며 신앙을 실족하게 만듭니다. 이러한 마음을 잃지 않기 위해 우리는 매일 하나님의 이름을 부르며 기도해야 합니다.

하나님의 영은 십자가를 담대히 지신 주님의 마음이자 성령의 마음입니다. 이 마음이 주어질 때, 예수님의 살과 피로 마음의 할례가 이루어지고, 그 결과 하나님의 대속이 드러납니다. 이는 세상에서 우리를 사랑하시는 주님의 마음을 깨닫게 하며, 자신의 죄가 드러날 때 하나님의 숭고한 영광과 사랑이 존귀하게 느껴집니다.

우리는 예수님의 십자가 사건 전의 구약을 통한 이스라엘 민족과 그 이후 예수님이 십자가를 지신 신약을 깊이 생각해야 합니다. 하나님 보시기에 그 모든 것은 죄악이 넘치는 세상이었습니다. 결국, 그들은 자기를 위해 살아가며 자기에게 유익한 신을 섬기고 있었습니다. 그러나 하나님은 우리 개인을 하나님의 나라로 부르기 위해 십자가의 새 언약을 실행하신 것입니다.

예수님의 십자가 사건 이후, 우리의 믿음이 나 자신을 위한 것인지 아니면 예수 그리스도를 위한 것인지 점검해야 합니다. 만일 세상 성공과 성취가 우리의 신앙의 중심이 된다면, 하나님의 응답이 아닌 사탄의 시험에 빠질 위험이 있습니다. 세상에서 성공하기 위한 수단으로 기독교를 이용하다가 구원을 잃는 큰 실수를 범할 수 있습니다.

새 언약의 관점에서 성경의 진리를 다시 생각하고, 오직 예수 그리스도를 통해 얻는 내면의 기쁨과 신앙으로 사탄의 미혹을 이겨 내야 합니다. 하나님께서 주시는 진리의 성령과 함께 그리스도의 일꾼으로 성장하는 교회가 되어야 하며, 하나님께서는 이러한 교회를 일으켜 주실 것입니다.

하나님이 주시는 진리에는 "그리스도의 채움"과 "그리스도로 채움"이 있습니다. "그리스도의 채움"은 십자가에서 이루어졌고, 우리는 마음의 할례를 통해 그리스도로 가득 찬 삶을 살아가도록 기도해야 합니다. 생명의 말씀으로 우리의 영혼을 채우며, 그리스도의 법이 마음과 생각에 새겨져 세상의 소금이 되는 천국의 삶을 살아가길 바랍니다.

"오늘을 하나님의 뜻에 따라 쉬지 말고 기도하는 신앙으로 살아가면 내일 성령의 열매가 맺힙니다."

하나님, 오늘도 예수님의 십자가 앞에서 저의 죄를 회개합니다. 죄성과 육신의 욕망을 내려놓고, 예수님의 이름과 보혈을 의지하여 마귀를 대적하게 하소서. 예수 그리스도의 십자가 보혈로 저를 깨끗하게 해 주시기를 간절히 구합니다.

감사합니다.